Über den Autor:
Erich Bauer, geb. 1942, von der BILD-Zeitung zu Deutschlands »Kultastrologen« erhoben, sagt täglich Millionen Menschen, wie der Mond steht und was er bewirkt. In diesem Buch geht er ins Detail und verrät die günstigsten Zeitpunkte.
Er ist Chefastrologe der weltweit größten Astrologie-Zeitschrift »Astrowoche«, bekannt durch regelmäßige astrologische Beiträge in Zeitschriften, Radio und im Fernsehen und Verfasser zahlreicher Veröffentlichungen über Astrologie und verwandte Themen. Erich Bauer betreibt eine eigene astrologisch-therapeutische Praxis in München und führt astrologische Seminare und Einzelsitzungen durch.

Erich Bauer

Alles über das Sternzeichen

ZWILLINGE
21. 5. – 21. 6.

MensSana

Besuchen Sie uns im Internet: www.knaur.de
Alle Titel aus dem Bereich MensSana finden Sie im Internet unter
www.mens-sana.de

Überarbeitete Neuausgabe November 2010
Knaur Taschenbuch. Ein Unternehmen der Droemerschen Verlagsanstalt
Th. Knaur Nachf. GmbH & Co. KG, München
Copyright © 2010 Knaur Taschenbuch
Redaktion: Ralf Lay
Abbildungen: Erich Bauer
Umschlaggestaltung: ZERO Werbeagentur, München
Umschlagabbildung: FinePic®, München
Satz: Wilhelm Vornehm, München
Druck und Bindung: CPI – Clausen & Bosse, Leck
Printed in Germany
ISBN 978-3-426-87515-5

2   4   5   3   1

Zwillinge

21. Mai bis 21. Juni

DIE FAKTEN

Element *Luft*
Vielseitigkeit und Kommunikation, aber auch Gespaltensein.

Qualität *Beweglich*
Veränderlich, anpassungsfähig, aber auch unsicher.

Polung *Plus*
Männlich, Yang, aktiv, nach außen.

Symbolik In ihrer Zweiheit symbolisieren *Zwillinge* Vielheit und Spaltung, Vielseitigkeit und Uneindeutigkeit.

Zeitqualität
21. Mai bis 21. Juni
Der dritte und letzte Frühlingsmonat gilt als Ausdruck sonniger Fröhlichkeit und Wärme.

Herrscherplanet *Merkur des Morgens* als Symbol göttlicher Botschaft.

5

Stärken

Neugierig, lebhaft, gewandt, vielseitig, flink

Reiseziele

Stadt Nürnberg, San Francisco, Melbourne
Land Sardinien, Belgien, Wales
Landschaft Vielfältige und bewohnte Gebiete

Magische Helfer

Farbe Gelb
Stein Goldtopas
Baum Haselnuss
Tier Affe
Duft Sandelholz

Die Persönlichkeit

4	Durchsetzung
3	Besitzstreben
10	Kontakt
2	Familie
6	Genuss
2	Pflicht
4	Liebe
1	Bindung
7	Ideale
5	Ehrgeiz
6	Originalität
4	Transzendenz

Inhalt

Vorwort

Astrologie ist eine wunderbare Sache

Sie verbindet den Menschen mit dem Himmel, richtet seinen Blick nach oben in die Unendlichkeit. Vielleicht steckt hinter dem Interesse an ihr zutiefst die Sehnsucht nach unserem Ursprung, unserem Zuhause, nach Gott oder wie immer man das Geheimnisvolle, Unbekannte nennen will.

Astrologie ist uralt und trotzdem hochaktuell

Die ersten Zeugnisse einer Sternenkunde liegen Tausende von Jahren zurück. Und dennoch ist sie brandneu. Es scheint, als hätte sie nichts von ihrer Faszination verloren. Natürlich hat sich die Art und Weise astrologischer Beschäftigung verändert. Während früher noch der Astrologe persönlich in den Himmel schaute, studiert er heute seinen Computerbildschirm. Damals konnte man nur von einem Kundigen eingeweiht werden, heute finden sich beinah in jeder Zeitung astrologische Prognosen.

Astrologie ist populär

Jeder kennt die zwölf Tierkreiszeichen. Man kann eigentlich einen x-beliebigen Menschen auf der Straße ansprechen und ihn nach seiner Meinung fragen: Er weiß fast immer Bescheid, sowohl über sein eigenes Sternzeichen als auch über die meisten anderen. Die zwölf astrologischen Zeichen sind Archetypen, die im Unterbewusstsein ruhen und auf die man jederzeit zurückgreifen kann.

Astrologie schenkt Sicherheit

Der Einzelne findet sich eingebettet in einer gütigen und wohlwollenden Matrix, ist aufgehoben, hat seinen Platz, so wie auch alle anderen ihren Platz haben.

Astrologie kann gefährlich sein

Die Astrologie liefert ein perfektes System. Konstellationen, die sich auf Bruchteile von Sekunden berechnen lassen, blenden und machen glauben, man habe es mit einer exakten Wissenschaft zu tun. Genau das ist aber falsch. Die Astrologie ist viel eher eine Kunst oder eine Philosophie. Ihre Vorhersagen sind immer nur ungefähr, zeigen eine Möglichkeit, sind aber kein Dogma. Astrologen wie Ratsuchende driften, wenn sie nicht achtgeben, leicht in eine Pseudowelt ab. In ihr ist zwar alles in sich stimmig, allein es fehlt am validen Bezug zur Wirklichkeit.

Ich bin Astrologe aus Passion

Ich lebe in dieser Welt, aber ich weiß auch, dass sie nicht alles offenbart. Ich freue mich, die Gestirne als Freunde zu haben, und glaube, dass ich so mein Schicksal gütig stimme. Das ist eine Hoffnung, kein Wissen.

Ich wünsche Ihnen beim Lesen Spaß und Spannung – und dass Sie sich selbst und andere besser verstehen.

Erich Bauer, im Frühjahr 2010

Einleitung:
Eine kurze Geschichte der Astrologie

Am Anfang jeder Geschichte der Astrologie steht das Bild des nächtlichen, mit Sternen übersäten Himmels. Der Mensch früherer Zeiten hat ihn sicher anders erlebt als wir. Er wusste nichts von Lichtjahren und galaktischen Nebeln. Er erschaute das Firmament eher vergleichbar einem Kind. Und als Kind der Frühzeit sah er sich nicht, wie wir heute, als getrennt von diesem Himmel, sondern als eins mit ihm. Er fand sich in allem und fand alles in sich. Und er folgte dem Rhythmus dieses großen Ganzen, ähnlich wie ein Kind seiner Mutter folgt. Dabei fühlte er sich wohl getragen und geborgen.

Wann die Menschheit anfing, sich aus diesem Gefühl der Allverbundenheit zu lösen, ist schwer zu sagen. Die überlieferten Zeichen sind rar und rätselhaft. Aber als der Homo sapiens begann, die Sterne zu deuten, war er dem großen Ozean seit Äonen entstiegen, er sah sich und den Himmel längst als getrennte Einheiten. Doch kam es irgendwann dazu, dass der Mensch Beziehungen zwischen den Sternbildern und dem Leben auf der Erde wiederentdeckte, deren Kenntnis er eigentlich schon immer besaß. Beispielsweise erlebte er, dass ein Krieg ausbrach, während am Himmel ein Komet auftauchte und die normale Ordnung der Sterne störte. Oder er empfand großes Glück, während sich am Firmament zwei besonders helle Lichter trafen. Er begann solch auffällige Lichter mit Namen zu versehen: »Helios« beispielsweise – oder »Jupiter«, »Mars« oder »Venus«. Er ging sogar dazu über, bestimmte Sterne als Gruppen (Sternbilder) zusammenzufassen und ihnen Namen zu geben, etwa »Widder« oder »Großer Wagen«. Immer wieder beobachtete er typische Gestirnskonstellationen, die parallel zu markanten Ereignissen auf der Erde auftraten. Nach den Gesetzen der Logik entwickelte er aus diesen Zusammenhängen mit der Zeit eine Wissenschaft, die Astrologie, die ihm zum Beispiel die Schlussfolgerung erlaubte, dass auf der

Erde Gefahr droht, wenn Mars in das Tierkreiszeichen Skorpion eintritt. So fand der Mensch allmählich seine verlorene Einheit wieder und baute eine Brücke, die ihn mit seinem Urwissen verband, das er im Inneren seiner Seele aber nie wirklich verloren hatte.

Der Ursprung

Die Urheimat der Sternenkunde war nach heutigem Erkenntnisstand Mesopotamien, das Land zwischen den Flüssen Euphrat und Tigris, das jetzt »Irak« heißt. Dort war der menschliche Geist wohl am kühnsten und vollzog als Erster endgültig die Trennung zwischen Mensch und Schöpfung. Die Sterne am Himmel bekamen Götternamen, etwa den des Sonnengotts Schamasch und der Göttin Ischtar, die auch als Tochter der Mondgöttin verehrt wurde und die sich als leuchtender Venusstern offenbarte. Da der Mond, die Sonne und einige andere Lichter im Vergleich zu den Fixsternen scheinbar wanderten, nannte man diese Planeten »umherirrende« oder »wilde Schafe« und unterschied sie von den »festgebundenen« oder »zahmen Schafen« – den Fixsternen, die vom Sternbild Orion, dem »guten Hirten«, bewacht wurden. Der größte Planet des Sonnensystems, mit heutigem Namen »Jupiter«, war im Land zwischen den zwei Strömen ein Sinnbild des Schöpfergottes Marduk. Sein Sohn und Begleiter hieß »Nabu« und wurde später zu »Merkur«. Das rötlich funkelnde Gestirn Mars wiederum war die Heimat des Herrn der Waffen, der genauso als Rachegott angesehen wurde. Saturn war ebenfalls bereits entdeckt worden und wurde als eine »müde Sonne« betrachtet. Außerdem galt Saturn als Gott der Gerechtigkeit, Ordnung und Beständigkeit. Gemeinsam mit anderen Göttern erhob sich schließlich der Rat der zwölf Gottheiten, und damit hatten auch die zwölf verschiedenen astrologischen Prinzipien ihren Auftritt. Zu all diesen Erkenntnissen kam man im Zweistromland etwa zwischen dem 7. und 4. vorchristlichen Jahrhundert.

Man hat Tafeln aus dem 2. Jahrhundert vor Christus gefunden, auf denen Beobachtungen über den Lauf von Sonne, Mars und Venus eingezeichnet waren. Auch Zeugnisse von ersten Geburtshoroskopen stammen aus dieser Zeit. Im Jahr 1847 wurden bei den Ruinen von Ninive 25 000 Tontafeln ausgegraben. Man datierte sie ins Jahr 600 vor Christus. Auf einem Teil dieser Tafeln befinden sich Weissagungen, die, mit etwas Zeitgeist aufgefrischt, ohne weiteres der astrologischen Seite einer modernen Tageszeitung entstammen könnten: »Wenn Venus mit ihrem Feuerlicht die Braut des Widders beleuchtet, dessen Schwanz dunkel ist und dessen Hörner hell leuchten, so werden Regen und Hochflut das Land verwüsten.«

Das ist eine »professionelle« astrologische Vorhersage. Damit war Spezialistentum an die Stelle einer ganzheitlichen Naturerfahrung getreten. Denn inzwischen hatte nur der fachkundige Astrologe die Zeit und das Wissen, den Himmel zu studieren, um daraus Rückschlüsse auf die Ereignisse im Weltgeschehen zu ziehen. Bald musste dieser Fachmann auch nicht einmal mehr den Himmel selbst beobachten. Spätestens im 1. Jahrhundert vor Christus gab es Ephemeriden. Das sind Bücher, aus denen die Stellung der Gestirne zu jeder beliebigen Zeit herausgelesen werden kann. Die Astrologie, wie sie auch heute noch betrieben wird, war damit endgültig geboren.

Die Blüte

In den nun folgenden anderthalbtausend Jahren erlebte die Astrologie eine Blütezeit kolossalen Ausmaßes. Dafür steht ein so bedeutender Name wie Claudius Ptolemäus. Er lebte im 2. Jahrhundert nach Christus und vertrat das geozentrische Weltbild mit der Erde im Mittelpunkt, auf das sich die Menschheit nach ihm noch länger als ein Jahrtausend beziehen sollte. Er war Geograph, Mathematiker und ein berühmter Astrologe und Astronom, der das bis in unsere Zeit fast unveränderte Regelwerk der Astrologie verfasste, den *Tetrabiblos*, welcher aus vier Büchern besteht. Darin riet er zu einer sorgfältigen Gesamtschau des Geburtshoroskops. Er erwähnte auch, dass man bei der Beurteilung eines Menschen ebenso dessen Milieu und Erziehung berücksichtigen solle, was einer modernen ganzheitlichen psychologischen Betrachtungsweise entspricht.

Eine spätere Berühmtheit in der Geschichte der Astrologie war Philippus Theophrastus Bombastus von Hohenheim (1493–1541), der sich selbst stolz »Paracelsus« nannte. Er war Arzt, Alchemist sowie Philosoph, und von ihm stammt jener von Astrologen so viel zitierte Satz: »Ein guter Arzt muss immer auch ein guter Astronomus sein.« Dazwischen lebte der Bischof Isidor von Sevilla (560–636). Er schrieb, ein Arzt solle immer auch sternkundig sein. Erwähnt werden muss natürlich die berühmte weibliche Vertreterin einer sternenkundigen Heilkunst, Hildegard von Bingen (1098–1179). Sie war fasziniert von den Analogien zwischen Himmel und Erde, sammelte Kräuter, pflanzte sie im Klostergarten an und schrieb über die Wirkung der Mondphasen. Sicher war die heilige Hildegard nicht der einzige weibliche astrologisch denkende Mensch. Aber ihr Name sei hier stellvertretend genannt für all die Frauen, die als Tempelpriesterinnen, Nonnen und angebliche Hexen ihr ganzheitliches Wissen über die Jahrhunderte hinweg weitergegeben haben.

Bis ins 16. Jahrhundert dauerte die Hoch-Zeit der Astrologie. Beinah alle angesehenen Denker – wie Platon und Aristoteles im Altertum, Naturwissenschaftler wie Nikolaus Kopernikus (1473–1543), Johannes Kepler (1571–1630) und Galileo Galilei (1564–1624) – dachten astrologisch und berechneten auch Horoskope. Am bekanntesten ist das von Kepler angefertigte Horoskop Wallensteins aus dem Jahr 1608. Die Astrologie wurde an den Universitäten gelehrt, und auch viele Bischöfe und einige Päpste förderten die Sternenkunde. Wie es heute selbstverständlich ist, dass ein Naturwissenschaftler Einsteins Relativitätstheorie kennt und versteht, so war damals jeder denkende Kopf in der Astrologie bewandert.

Der Niedergang

Bereits Ende des 16. Jahrhunderts hatte die Astrologie ihren guten Ruf in vielen Ländern Europas verloren. Es gab päpstliche Anordnungen wie die Bulle »Constitutio coeli et terrae« von 1586, in der ein Verbot der Astrologie ausgesprochen wurde, und die meisten Universitäten schafften ihren Lehrstuhl für Astrologie ab.

Worauf war dieser rapide Niedergang zurückzuführen? Es gibt sicher zahlreiche Gründe. Der wichtigste ist, dass sich der menschliche Geist von den Fesseln tradierter Vorstellungen zu befreien begann. Er löste sich mit der Reformation von Rom und später mit der Französischen Revolution von seinen königlichen und kaiserlichen »Göttern«. Da war es nur konsequent, sich auch von den »Göttern am Himmel« loszusagen. Der zweite Grund war der, dass sich im Laufe der Zeit grobe Fehler astrologischer Vorhersagen herumsprachen. So hatte es wohl keine Prophezeiung gegeben, die den Dreißigjährigen Krieg oder die Pest rechtzeitig in den Sternen sah. Der dritte Grund wird häufig von den professionellen Astrologen angeführt. Sie behaupten, dass die falschen Propheten, also die unseriösen Astrologen, der wahrhaften Sterndeutekunst das Aus bescherten. Eine Kunst wie die Astrologie lockt natürlich auch faustische Gestalten an, die davon besessen sind, dem Schicksal einen Schritt voraus zu sein. Solche Schwarmgeister und falsche Propheten haben der Astrologie bestimmt geschadet, besonders auch, weil durch die Erfindung der Buchdruckerkunst jede selbst noch so törichte Prophezeiung in einer hohen Auflage verbreitet werden konnte. Aber den guten Ruf der Astrologie haben letztlich auch sie nicht ruiniert.

Nein, es waren die Astrologen selbst. Als im 16. und 17. Jahrhundert durch immer neue Entdeckungen die Erde ihre zentrale Stellung verlor und sich ein völlig neues naturwissenschaftliches Verständnis durchsetzte, versuchte die Astrologie mitzuhalten und verlor wegen ihrer unhaltbaren Thesen jeden Kredit in den gelehrten Kreisen. Schon Kepler, der seiner Zeit um Jahrzehnte voraus war, hatte die Astrologen gewarnt und ihnen geraten, ihre Kunst nicht auf einen naturwissenschaftlichen, sondern auf einen philosophischen Boden zu stellen. Er sagte, es sei unmöglich, zu denken, dass die Sterne mittels irgendwelcher Strahlungen die menschliche Seele berühren könnten. Er sprach in diesem Zusammenhang von einem astrologischen Instinkt, der im menschlichen Geist verankert sei. Aber sein »psychologischer Ansatz« wurde überhört und ging schließlich völlig unter. Die Astrologen sahen sich im Gegenteil dazu veranlasst, immer hanebüchenere »wissenschaftliche« Thesen aufzustellen. Die Folge war ein gewaltiges Gelächter der gesamten gelehrten Welt im 17. Jahrhundert, das bis heute noch nicht verklungen ist.

Der Neubeginn

Erst im 19. und dann besonders im 20. Jahrhundert besann sich der Mensch wieder vermehrt seiner fernen Vergangenheit. Der Schweizer Psychiater C. G. Jung etwa sagte, dass die Astrologen endlich darangehen müssten, ihre Projektionen, die sie vor Jahrtausenden an den Himmel geworfen hätten, wieder auf die Erde zurückzuholen. In jeder menschlichen Seele seien die Kräfte der astrologischen Archetypen, der archaischen Urbilder, enthalten und dort wirksam. So wird der Raum am Himmel mit den Zeichen und Planeten zu einer Landkarte menschlicher Anschauung. Dabei ist es nicht so, dass zum Beispiel der Planet Mars die Geschicke *bestimmt*, sondern er *zeigt* durch seine Position, den Gesetzen der Analogie folgend, *auf*, was in der menschlichen Seele vor sich geht.

Nach seiner jahrtausendelangen Reise heraus aus der Allverbundenheit hat der Mensch also begonnen, den Bezug zu seinen Ursprüngen wiederherzustellen. Er besinnt sich als kritischer und freier Geist darauf, was schon immer in ihm vorhanden war. Damit beginnt die Ära einer psychologischen oder philosophischen Astrologie. Und das ist auch die Geburtsstunde einer Astrologie, die ganzheitlich denkt und arbeitet.

In etwa parallel zu dieser allmählichen Hinwendung zur Psychologie und Philosophie übernahmen Computer mit entsprechender Software den komplexen Rechenvorgang zur Erstellung eines Geburtshoroskops. Bis vor vielleicht zehn, zwanzig Jahren gehörte es zum Standardkönnen eines jeden Astrologen, Horoskope zu berechnen und zu zeichnen. Dies ist sehr wahrscheinlich einer der Gründe, warum Frauen unter den Sterndeutern damals deutlich in der Minderzahl waren. Es ist einfach nicht ihr Metier, sich mit trockenen Zahlen und komplizierten Berechnungen herumzuschlagen, wo es doch um seelische Vorgänge geht – und diese Feststellung ist in keiner Weise abwertend gemeint, denn heute sind Frauen unter den Astrologen bei weitem in der Überzahl.

Der PC spuckt nach Eingabe von Name, Geburtsdatum, -ort und -zeit in Sekundenschnelle das Horoskop aus. Die astrologische Kunst scheint jetzt »nur« noch darin zu bestehen, die Konstellationen richtig zu deuten. Und auch hier ersetzt der Computer mehr und mehr den Astrologen. Es gibt schon seit einigen Jahren Programme, die mit entsprechenden Textbausteinen zu bemerkenswert treffenden Aussagen kommen. Ist dies nun das Ende der Sterndeuter? Ich meine: im Gegenteil! Überlassen wir dem »Computer-Astrologen« ruhig die Grundarbeit. Das spart Zeit. Dafür kann der »Mensch-Astrologe« die einzelnen Fakten im Sinne einer ganzheitlichen Schau zusammentragen und sich völlig dem Verständnis der einmaligen, individuellen Persönlichkeit widmen. Ebendafür ist ein großes Maß an Intuition, die ja gerade eine weibliche Stärke ist, mit Sicherheit von Vorteil.

Teil I
Das Tierkreiszeichen

Wichtiges und Grundsätzliches

Die Erde dreht sich bekanntlich einmal im Jahr um die Sonne. Von uns aus gesehen, scheint es aber so zu sein, dass die Sonne eine kreisförmige Bahn um die Erde beschreibt. Der Astrologie wird vielfach vorgeworfen, sie ignoriere diesen grundlegenden Unterschied. In Wirklichkeit ist er für die astrologischen Horoskopdeutungen jedoch nicht von Bedeutung.

Diesen in den Himmel projizierten Kreis nennt man »Ekliptik«. Die Ekliptik wird in zwölf gleich große Abschnitte gegliedert, denen die Namen der zwölf Stern- bzw. Tierkreiszeichen zugeordnet sind. Zwischen dem 21. Mai und dem 21. Juni durchläuft die Sonne gerade den Abschnitt Zwillinge, weswegen dieses Tierkreiszeichen auch das »Sonnenzeichen« genannt wird.

Beginnen wir jetzt mit der Betrachtung des Sonnen- oder Tierkreiszeichens, dem dieser Band gewidmet ist, um zunächst einmal herauszufinden, was denn nun »typisch Zwillinge« ist.

Wie wird man ein Zwilling?

Kinder des Himmels

Wer Anfang Januar gegen Mitternacht auch nur flüchtig in den Himmel schaut, erblickt die Eckpunkte eines großen aufrechten Rechtecks. Die beiden oberen Sterne sind am auffälligsten. Ihre Namen sind Castor (rechts) und Pollux (links), die Wahrzeichen des Sternzeichens Zwillinge. Der griechische Mythos berichtet, dass die Dioskuren Castor und Pollux zwei Söhne von Leda waren (siehe unten). Versucht man mit Hilfe seiner Phantasie zwei Menschen, Zwillinge, in den nächtlichen Himmel hineinzusehen und lässt man sich dabei von der Anordnung der Sterne führen, so wird man wahrscheinlich wie zuvor manche Künstler die beiden Zwillingsmenschen beschwingt oder im Tanz verbunden sehen. Albrecht Dürer (1471–1528) oder Adam Gefugius (1565) zeichneten in das Sternbild zwei nackte Kinder hinein, die sich spielerisch umarmen. Vielleicht denkt der Betrachter an die Tage zurück, in denen er selbst noch ein Kind war und sich die Zeit ausschließlich mit Spielen vertrieb. Dann betritt er den Raum der Zwillinge, in dem er seine leichte und unbeschwerte Seite findet.

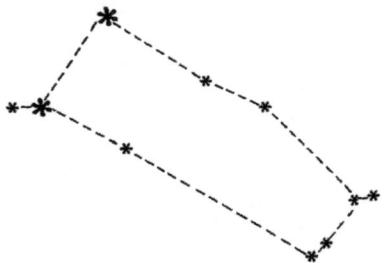

Kinder ihrer Jahreszeit

Obwohl der Sommeranfang dem Kalender zufolge noch einen Monat entfernt ist, beginnt Ende Mai die warme Jahreszeit. Etwa fünfzehn Stunden lang steht die Sonne jetzt über dem Horizont. Wird sie nicht von den ersten Gewitterstürmen verdeckt, so hängt sie wie ein gleißender Ball am blauen Himmel, umrahmt von dahinziehenden weißen Wolken.

Die Natur begegnet sich selbst. Es ist ein summendes Fest, auf dem alles unterwegs ist, sich trifft und doch nirgends lange verweilt. Die Vögel bauen jetzt ihre kunstvollen Nester, während andere Tiere die Frucht in ihren Leibern tragen. Die Natur braucht Behutsamkeit und Schonung, denn sie hütet oder trägt den Keim neuen Lebens. Nun bestimmt eine andere Kraft das Dasein: Sie ist nicht mehr triebhaft wie im ersten und zweiten astrologischen Zeichen (Widder und Stier), sondern erscheint neutraler und ausgerichtet auf ein Ziel. Sie schließt Begegnungen ein, die nicht aufgeschaukelt werden von Rivalität und Konkurrenz, sondern verbindend sind und spielerische Wege formulieren.

Kinder der Kultur

Das einfache Volk macht es wie die Natur: Ende Mai beginnt auf den Dörfern eine andere Art zu leben; die langen Tage erlauben neben der Arbeit immer auch Zeit, sich zu treffen und zu amüsieren. Die Piazze im Süden sind übervoll, und alles ist beseelt von der Lust auf Begegnung. Jetzt finden die großen Märkte statt. In früheren Zeiten sah man nun zum ersten Mal nach dem langen Winter wieder Gesichter aus benachbarten Ortschaften. Vorräte konnten aufgefüllt werden, und natürlich drängten sich die Frauen um die neuen Stoffe und Seifen, während die Männer die besseren Werkzeuge und neuesten Geräte fachmännisch begutachteten.

Das bedeutendste Fest dieser Zeit ist Pfingsten. Es findet fünfzig Tage nach Ostern statt, fällt daher manchmal auch noch in die Zeit der Zwillinge. An Pfingsten kam der Heilige Geist auf die Jünger Jesu nieder, sie erlangten Beredsamkeit und konnten sogar in verschiedenen Sprachen sprechen. Astrologisch betrachtet, muss es der »Geist der Zwillinge« gewesen sein, der die Männer erleuchtete; denn er verleiht uns Menschen die Fähigkeit zur Sprache.

Ein menschliches Symbol im Doppelpack

Zum ersten Mal begegnen wir im astrologischen Tierkreis (dem Zodiak) – nach Widder und Stier – einem menschlichen Symbol. Es ist ein Zeichen dafür, dass auf der dritten Ebene nicht mehr animalische, triebhafte Prozesse vorherrschen. In der Fortpflanzung des Homo sapiens sind Zwillinge, also zur gleichen Zeit geborene Geschwister, ein Sonderfall. Sie ernten daher Bewunderung und (oft nur versteckt) Bedauern: Sie haben alles doppelt und müssen alles teilen. Stärker als andere Geschwister wachsen sie in engster Gemeinschaft auf, werden sich dabei überaus vertraut und sind auf eine geheimnisvolle Weise miteinander verbunden. Jeder spiegelt sich im anderen, und es scheint, dass sie sich über weite Entfernungen spüren können. Ich kenne selbst ein Beispiel, wo sich ein Zwilling während einer Selbsterfahrungsgruppe seine linke Hand brach. In der gleichen Stunde verletzte sich sein Zwillingsbruder, in einer ganz anderen Stadt, seine rechte Hand.

Es ist kein Zufall, dass das Tierkreiszeichen »Zwillinge« und nicht »Zwilling« heißt, also im Plural steht. Die Astrologie bedient sich grundsätzlich einer bildhaften Sprache. Sie versucht bereits mit der Wortwahl etwas vom Charakter und vom Inhalt dessen wiederzugeben, was der Begriff beschreiben soll. Außer den Zwillingen existiert nur noch ein weiteres Zeichen, das in der Mehrzahl verwendet wird, nämlich die Fische. Die übrigen zehn Zeichen werden ganz normal im Singular bezeichnet. Es heißt *der* Widder, *der* Stier usw. Was hat es wohl für eine Bewandtnis, dass man gerade dieses Zeichen in der Mehrzahl anspricht? Dazu im Folgenden eine Geschichte aus der griechischen Mythologie.

Die Dioskuren

Jupiter oder Zeus, wie die Griechen ihn nannten, war der oberste Gott auf dem Olymp. Er regierte streng und weise. Er hatte zuvor seinen Vater Saturn(us) bzw. Kronos entthront (siehe auch den Anfang des Kapitels über Jupiter in Teil II). Seine Schwester und zugleich Gattin war Hera, eine resolute, aber – wie es im Mythos immer wieder heißt – wenig reizvolle und liebenswürdige Frau. Das war sicher mit ein Grund dafür, dass es Zeus stets nach anderen Frauen gelüstete. Bemerkenswerterweise zog es ihn aber nicht nur zu seinesgleichen, also zu den schönen Göttinnen, die es ja zuhauf auf dem Olymp gab, sondern er bevorzugte sterbliche Schönheiten. Umgekehrt wurde Zeus bzw. Jupiter zu einem Inbegriff der Liebe für sämtliche Frauen auf der Erde: Sie sehnten sich nach der Begegnung mit diesem Gott, von dem man sagte, er stelle alle irdischen Männer weit in den Schatten.

Natürlich steckt hinter dieser Begegnung zwischen der Welt der Götter und der Welt der Sterblichen ein Gleichnis. Es ist ein Symbol für die Sehnsucht des Menschen, in diesem Fall der Frau, nach der Begegnung mit einem »göttlichen Mann«. Letztendlich ist auch der christliche Marienkult eine Vermählung des Irdischen mit dem Göttlichen.

Jetzt aber wieder zurück zu Zeus und seiner Beziehung zu den Zwillingen: Der oberste Gott hatte ein Verhältnis mit Leda, der

Gattin des Königs Tyndareos von Sparta, die seine Gelüste geweckt hatte. Der Götterfürst wählte einen wirklich raffinierten Weg, um sich der verheirateten Leda zu nähern und hingeben zu können: Er verwandelte sich in einen Schwan. Arglos nahm Leda das Tier bei sich auf, nährte und liebkoste es, und als die Nacht kam, erschien es ihr eher wie ein Traum, dass sie sich mit dem Gott in Liebe vereinigte. Kaum war die Liebesnacht vorbei, teilte Leda auch mit ihrem Gatten das Lager. Daher gebar sie schließlich zwei Söhne. Der eine, Pollux bzw. Polydeukes, stammte von Zeus und war deshalb unsterblich. Der andere, Castor, hatte einen menschlichen Vater, nämlich besagten Tyndareos, und war somit wie alles Irdische zur Sterblichkeit verdammt.

Castor und Pollux, auch die »Dioskuren« (»Söhne des Zeus«) genannt, wurden zwei unzertrennliche Brüder, die im Leben viele Kämpfe gemeinsam überstanden. Als Castor schließlich eines Tages umkam, war Pollux, der Unsterbliche, so verzweifelt, dass er sich entschloss, lieber seinen göttlichen Status zu opfern, um dem Bruder in die Unterwelt, den Orkus, folgen zu können, als ewig getrennt von ihm im Götterhimmel zu verweilen. Diese große Geschwisterliebe berührte die Götter, und sie suchten nach einer Möglichkeit, die beiden Brüder wieder zu vereinen, ohne dass der eine, der Göttliche, der nun einmal zu ihnen auf den Olymp gehörte, immer in der Unterwelt verweilen müsste. Wegen der engen Verbundenheit der Zwillinge erlaubte Zeus es schließlich, dass die beiden zusammenbleiben durften, und zwar je einen Tag auf dem Olymp und einen im Orkus. Aber auch dadurch, dass die Zwillinge ein Tierkreiszeichen und ein Sternbild wurden, ist ihnen ein gebührender, ewiger Platz am Himmel zuteil geworden.

Zwei Seelen wohnen, ach, in ihrer Brust

Vor dem Hintergrund dieser Geschichte muss man die Bedeutung der Mehrzahl »Zwillinge« verstehen, nämlich dass es sich hier um das Bild von zwei Personen in einer einzigen handelt. Zwillingegeborene repräsentieren in besonderem Maße die Dualität von irdischem bzw. sterblichem Sein auf der einen Seite und spirituellem bzw. göttlichem auf der anderen. Diese Zweiheit besagt jedoch auch, zuweilen in der »Unterwelt« leben und dort all die Traurigkeit, Verlorenheit und nicht enden wollende Pein des Daseins kosten zu müssen. Dafür gehört man zu anderen Zeiten »zur Gemeinschaft der Götter« und befindet sich sozusagen »im Himmel«. Natürlich ist das alles metaphorisch, das heißt bildhaft, gemeint. Übertragen bedeutet es, dass Zwillinge zwischen Extremen hin und her pendeln, dass sie heute himmelhoch jauchzend und morgen zu Tode betrübt sind. Dass sie zuweilen auf einer rosaroten Wolke schweben und dann wieder wie unter Zentnerlasten begraben sind. Sie verkörpern einen einzigen Widerspruch und sind damit der lebendige Beweis für die Polarität allen Lebens.

In meiner langjährigen Praxis als Psychotherapeut und Astrologe habe ich immer wieder festgestellt, dass Zwillinge versuchen, ihre Doppelnatur zu verleugnen oder wenigstens zu verheimlichen. Sie neigen dazu, nur eine Seite ihrer selbst anzunehmen, und in der Regel ist dies die freundliche, die positive, diejenige eben, die sie dem Himmel näherbringt. Natürlich schlägt trotzdem der andere Part immer wieder durch, der dunkle, deprimierte, frustrierte. Ist dies der Fall, ziehen sich Zwillinge von der Welt zurück, vergraben sich und lassen niemanden an ihrer Schattenwelt teilhaben.

Und genau das ist falsch. Wenn sie nämlich ihre dunkle Seite nicht genauso annehmen wie ihre helle, bekommt die dunkle mit der Zeit das Übergewicht. Denn jede Ignoranz und Verdrängung hat folgende Konsequenz: Was immer zu uns Menschen gehört und nicht genauso geschätzt, geachtet und geliebt wird wie alles andere, wird, wenn wir es in einen Schattenbereich abschieben, allmählich größer, zum Monster, und es drängt sich über Umwege wieder in unser Leben, um schließlich mit noch größerer Vehemenz zuzuschlagen. Es wählt den Körper und die Seele des Menschen als Schauplatz, und so wird in Krankheitssymptomen der verschiedensten Art deutlich, dass tief in unserem Inneren etwas nicht stimmt, aus dem Gleichgewicht geraten ist.

Manchmal bedient sich unsere Seele aber auch eines anderen Menschen, um diese zweite, ungeliebte Seite in unser Bewusstsein zu bringen: Wir begegnen Personen, denen wir nicht ohne weiteres ausweichen können und die uns genau diesen ungelebten Teil unserer selbst vor Augen halten. Besonders Partnerschaften und Ehen sind eine geeignete »Bühne«, um das Spiel zwischen geliebten und ungeliebten Anteilen zu realisieren: Der fröhliche, positive Zwillingemann verliebt sich in eine Frau, die zunächst wie er fröhlich und der Welt gegenüber aufgeschlossen ist, stellt aber mit der Zeit fest, dass die Dame seines Herzens immer zurückgezogener und depressiver wird. Oder die lebensbejahende Zwillingefrau verliebt sich, heiratet einen Mann, der zunächst all das hat, was sie sich von einem Partner wünscht, der wie sie lebensbejahend, optimistisch, aufgeschlossen, fröhlich und unterhaltend ist – mit der Zeit stellt sie aber fest, dass ihr so sehr geliebter Mann immer mürrischer, verschlossener und abweisender wird. Ich habe es sogar schon erlebt, dass sich der ungeliebte eigene Teil auf tragische Weise über ein Unglück des Partners manifestiert. Ich denke dabei an eine Zwillingefrau, deren Mann nach einem Unfall sein Gedächtnis verlor und zum Pflegefall wurde.

Es ist auch gut möglich, dass sich der ungeliebte Persönlichkeitsanteil in den eigenen Kindern manifestiert. So sind mir mehrere Familien bekannt, in denen die Nachkommen von einer Zwillingemutter, einem Zwillingevater und in einem Fall sogar von Zwillingeeltern den verdrängten Teil des Naturells auf sich genommen hatten und zum Beispiel drogenabhängig wurden.

Himmel und Hölle

Die Vertreter dieses Tierkreiszeichens müssen sich stets vor Augen halten, dass sie eine ausgeprägte Doppelnatur haben, dass sie das eine wie das andere in ihr Leben integrieren müssen, es begrüßen und achten sollen. Es scheint, dass in permanenter gegenseitiger Abhängigkeit die »Hölle« der Preis für den »Himmel« in ihrem Leben ist oder, andersherum gesagt, der »Himmel« der Lohn für die Dramen der »Unterwelt«.

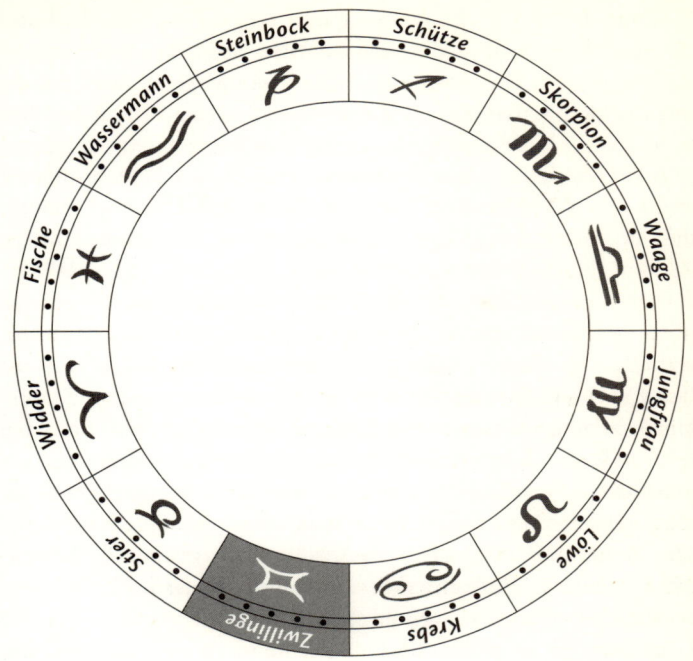

Noch etwas scheint für viele Zwillinge die Lösung zu sein, sich aus dieser extremen Polarität zu befreien: Sie wählen den Mittelweg. Ich kenne nicht wenige Vertreter dieses Tierkreiszeichens, die brav und bieder geworden sind und sich zwischen ihren Extremwelten bewegen. Ihre dunkle Seite hat sich dadurch etwas erhellt, ihr Leben ist weniger dramatisch, nicht ganz so frustrierend. Aber auch ihr heller, strahlender und schöpferischer Part hat an Farbe verloren. Zwillinge, die sich ihrer Doppelnatur stellen, sind hingegen widersprüchlich und extrem. Ihr Dasein hat etwas Barockes, sie sind einerseits lebensbejahend, andererseits befinden sie sich wie am Abgrund. »Carpe diem!« (»Nutze den Tag!«), schreiben sie sich aufs Banner, aber genauso »Memento mori!« (»Bedenke, dass du sterblich bist!«). Manchmal schaukeln sie diese Wellen und

Extreme derartig hoch, dass sie daran zerbrechen. Beispiele sind die Zwillinge Marquis de Sade, Marilyn Monroe, Dean Martin und Rainer Werner Fassbinder. Eine Zwillingepersönlichkeit, die uns die zwei Seiten ihrer Existenz immer wieder erneut und auf tragische wie komische Weise zugleich vor Augen hielt, war Harald Juhnke. Wie häufig hat er der Nation versprochen, keinen Alkohol mehr zu sich zu nehmen? Und wie oft hat man ihn dabei ertappt, dass er wieder völlig dem Suff verfallen war? Selbst der einstige Zwillingeliebling der Nation, Steffi Graf, kam an derlei Widersprüchlichem nicht vorbei. Oder ist es etwa nicht irgendwie paradox, dass sie bei den U. S. Open im Finale stand (und gewann), während der Vater wegen Steuerhinterziehung vor den Kadi musste – und alle Welt dies auch mitbekam?

Um Missverständnissen vorzubeugen: In gar keiner Weise möchte ich mit diesen Beispielen sagen, dass Zwillinge generell vom Leben gebeutelt und zwischen Extremen zerrieben werden. Ganz im Gegenteil: Sie sind in der Regel fröhliche Geschöpfe, unterhaltsam, kommunikativ, extravertiert, aktiv und dynamisch. Ihr kosmischer Regent heißt »Merkur«, das ist der Götterbote. Die griechische Mythologie ist voll amüsanter Geschichten über ihn. Er war schlau, musisch talentiert, und er nahm es wohl auch mit der Wahrheit nicht immer so genau. Entsprechend erhob man ihn zum Gott der Bänkelsänger und Barden, der Diebe und Kaufleute (siehe den Anfang des Kapitels über Merkur in Teil II). Seine Fröhlichkeit machte ihn zum Schutzpatron all derjenigen, die auf heiteren Wegen wandeln. Und infolge seiner Lust am Reden und seines Talents, sich allemal in ein günstiges Licht zu setzen, wurde er der göttliche Freund all derer, die viel sprechen, schreiben und auf der Bühne stehen: Dichter, Sänger, Schauspieler, Politiker, Talkmaster, Ansager, Komiker, Artisten oder Musiker. Berühmte Beispiele waren und sind der Jazzmusiker Cole Porter, der Ex-Beatle Paul McCartney, der Musiker Bob Dylan, der Sänger Pat Boone, der Rockmusiker Prince, die Schauspielerin Brooke Shields, der Filmheld John Wayne, der Kabarettist Dieter Hildebrandt sowie die Sängerin und Tänzerin Josephine Baker.

Aber bei Zwillingen ist eben noch ein Bruder bzw. eine Schwester integriert, diese sind jedoch von einem ganz anderen Kaliber als ihr fröhlicher Merkur, nämlich ernst, tiefschürfend, nachdenklich und in sich gekehrt. Der größte Fehler, den man machen kann, wäre es, wenn man diesen Teil des eigenen Ichs einfach ignorierte oder verdrängte. Es ist vielmehr notwendig, ihn zu akzeptieren und in sein Leben einzubeziehen, denn nur so kann man das volle Potenzial seiner Persönlichkeit zum eigenen inneren Wachstum nutzen.

Eine Zwillingefrau rief mich jahrelang im Januar an: »Herr Bauer, wird es denn dieses Jahr den Zwillingen endlich einmal *nur* gut gehen?« Ich weiß, dass sie große Probleme hatte. Ihr Sohn war drogenabhängig, ihr Mann trank. Aber sie behauptete immer, dass es ihr, wären diese Umstände nicht, eigentlich besser ginge. Sie wollte offenbar einfach nicht verstehen, dass die dunklen Seiten ihrer eigenen Person sich auf der Bühne ihres Lebens in den Stellvertretern Ehemann und Sohn symbolhaft widerspiegelten. Erst wenn man diese Lernaufgabe erkennt und entsprechend an sich arbeitet, wird man sich selbst weiterentwickeln und sich sehr wahrscheinlich auch einer Lösung für seine familiären Probleme nähern.

Das Leben ist ein Auf und Ab! Hinter diesem Gemeinplatz steckt die Erkenntnis, dass wir erst im Unterschied wirkliche Gegenwart erfahren: Ohne Helles gibt es nichts Dunkles, ohne Kälte keine Wärme usw. ... Selbst Schönheit und Liebe entwickelten sich mit der Zeit wohl zu einer schalen Angelegenheit, würde man ihr Gegenteil nicht kennen. Das Dasein ist polar. Vielleicht ist die Erkenntnis dieses Umstands eine der Hauptaufgaben, die Zwillinge in ihrem Leben bewältigen sollen: dass nichts ohne sein Gegenteil existiert, dass das Dasein ein Tanz ist, eine Melodie, die von den höchsten Tönen bis zu den tiefsten Frequenzen schwingt.

Ich habe von Zwillingegeborenen, die ich in meinen Therapien oder Seminaren näher kennenlernte, immer wieder Folgendes erfahren: Es kann ihnen eine Hilfe sein, wenn sich diese Menschen daran erinnern, dass sie Zwillinge sind, also »zweifach existieren«: »Wenn es mir sehr gut geht«, sagte mir zum Beispiel eine Zwillingefrau, »dann denke ich dennoch an die andere Seite. Ich lasse mir deswegen meine Freude nicht nehmen, aber ich weiß einfach, dass auch die andere Seite da ist. Genauso nehme ich meinen fröhlichen, meinen göttlichen Part mit hinüber in die ›Unterwelt‹. Dann kann es mir, auch wenn ich noch so frustriert oder deprimiert bin, nie wirklich schlecht gehen!«

Liebe, Sex und Partnerschaft

Liebe ist für Zwillinge ein Spiel. Je nachdem, ob sie männlich oder weiblich sind, versuchen sie dabei, ihren Zwillingsbruder respektive ihre Zwillingsschwester zu finden – damit ihre Seele mit Hilfe des »anderen Teils« wieder eins wird. Dabei ist die Partnersuche eher ungezielt, sie funktioniert sozusagen nach dem »Schrotflintenprinzip«: Im Grunde könnte jeder Mensch ihr Bruder bzw. ihre Schwester sein. Ich glaube, dass unter allen Tierkreiszeichen bei Zwillingen die Partnerwahl am schnellsten stattfindet. Nach dem – wohl meist unbewussten – Muster »Ich kenne dich ja schon seit immer, du bist doch mein anderer Teil!« können sich Zwillinge buchstäblich innerhalb von Sekunden unsterblich verlieben – oder, das sei vorsichtshalber hinzugefügt, was Zwillinge so unter »unsterblich« verstehen … Zwillingeliebe hat nämlich etwas von der unverbindlichen Tändelei auf Partys oder Festen: Man findet sich interessant, poussiert herum, geht zum Schluss auch miteinander ins Bett, was aber keineswegs bedeutet, dass dies nun die ewige Liebe ist.

Die sechziger Jahre waren genau im Stil der Vorstellung von Zwillingen. Im Rahmen der sogenannten sexuellen Revolution war es gang und gäbe, mit jedem Menschen, der einem einigermaßen sympathisch war, die Nacht zu verbringen. Eine Zwillingeliebe ist dem Anspruch nach immer unkompliziert, leicht und unbeschwert. Als sicher extremes Beispiel möchte ich eine meiner Klientinnen erwähnen, die im Laufe der Beratung gestand, dass sie sage und schreibe *sechzehnmal* abgetrieben hatte: »Ich weiß nicht, warum ich so fruchtbar bin! Manchmal habe ich verhütet, manchmal der Mann, manchmal hat es bei mir nicht funktioniert, oder ich habe die Pille mal vergessen, oder das Kondom war kaputt …« Die sechzehn Schwangerschaftsabbrüche beschäftigten sie darüber hinaus nicht wirklich. Sie lebte in der Vorstellungswelt, die man stereotyp als kennzeichnend für die Menschen der Sechziger-Jahre-Generation betrachtet: Man verliebt sich, man heiratet, man trennt sich wieder; das Leben ist ein Spiel, und wer es sich kompliziert macht, ist selbst schuld. Hollywood – zumindest, wenn man an seine leichten, unterhaltsamen Spielfilme denkt – greift sehr häufig diese »Zwillingeliebe« auf. Man denke nur an Filme wie »Pretty Woman« oder »Flashdance«. Warum gerade die Unterhaltungsbranche immer wieder darauf kommt, hat damit zu tun, dass die gesamte Filmindustrie in besonderer Weise ein Kind der Zwillingeenergie ist. Die Vertreter dieses Sternzeichens halten das Leben letztlich für ein Theater, für einen Liebesfilm, eine Komödie, einen göttlichen Witz – und sich selbst für die ko(s)mische Pointe.

Aber wie bereits ausgeführt wurde, kann diese Seite nur die eine Hälfte der Wahrheit sein. Hollywood ist beinah zu so etwas wie einem modernen Olymp geworden, auf dem die Filmgötter sich in ihrem eigenen Glanz sonnen. Demgegenüber gleicht sein anderer Teil mit seinen Dramen und Intrigen am gleichen Schauplatz buchstäblich der Hölle, wie etwa die Tragik im Leben Marilyn Monroes zeigt.

Die unbeschwerte, charmante, unkomplizierte Liebe der Zwillinge kennt aber noch eine ganz andere Seite: Zwillinge sind nämlich genauso schüchtern und ängstlich, wie sie frivol und selbstsicher sein können. Sie haben ebenso Angst vor tiefen Gefühlen, wie sie leicht damit spielen. Und sie leiden genauso unter Trennungen, wie sie damit leichtfertig umgehen. So verbarg auch die oben erwähnte Zwillingefrau mit ihren sechzehn Abtreibungen in ihrer Psyche eine Traurigkeit, die gleich einem tiefen See an Tränen aus ihr hervorbrach, als wir nach vielen Sitzungen daran rührten.

Typische Zwillinge sind unterhaltsame Liebhaber. Ganz nach ihrem Motto, dass das Leben eine große Show ist, betrachten sie den Menschen, den sie lieben – und erst recht den Mann bzw. die Frau, in die sie sich gerade verschossen haben –, entweder als Mitspieler bei ihrem großen Auftritt oder als Zuschauer. Im ersten Fall kann in der gemeinsam verbrachten Zeit alles geschehen, was menschliche Phantasie nur zu erfinden vermag: »Spielen wir das Verführungsspiel. Ich bin gelangweilt, du musst mich dazu bringen, dass ich mich für dich interessiere …!« Oder: »Lass uns uns doch im Café Soundso verabreden. Du bist schon da, und ich komme später. Dann tun wir so, als würden wir uns nicht kennen, und verlieben uns langsam ineinander!« Oder: »Erzähl mir alle deine Wünsche und erotischen Phantasien!« Oder: »Heute bin ich mal eine ganz andere Person. Ich ziehe mich anders an, ich habe einen anderen Beruf, stell du dich auf mich ein …!« Solcherart Spiele zu erfinden, werden Zwillinge nie müde. Und durch derlei Abwechslung wird's in der Beziehung natürlich selten langweilig!

Zwillinge sind aber auch oft »Alleinunterhalter«. Angenommen, Sie haben ein Rendezvous inklusive Abendessen in einem Restaurant mit einem Zwillingegeborenen. Als Erstes kann es sein, dass er sich völlig verrückt angezogen hat und so tut, als würde er Sie gar nicht kennen. Dann wieder spielt er (oder auch sie) vielleicht auf der gemeinsamen Fahrt zu einem Restaurant den Stadtführer, im nächsten Moment den Portier, der die Tür des Wagens aufhält, schließlich den kenntnisreichen Gourmet, der Ihnen die Gaumenfreuden auf der Speisekarte so erklärt, dass Ihnen bereits beim Zuhören das Wasser im Mund zusammenläuft … Sie sehen schon: Ihre Zwillingepersönlichkeit ist immer »on stage«, unterhält Sie, bringt Sie zum Lachen oder macht auf andere Weise den Abend zum Erlebnis.

Während des ersten Gangs wird Ihnen der vollständige Tagesablauf Ihres Gegenübers offeriert. Bis zum zweiten kennen Sie alle seine (ihre) Freunde und Freundinnen. Beim dritten wissen Sie, welche Filme im Moment interessant sind. Und so geht es weiter, bis Ihnen die Ohren rauschen. Aber Sie erleben einen interessanten Abend, an dem eines bestimmt nicht vorkommt: dass Sie einmal gähnen oder auf die Uhr schauen. Die Zeit vergeht wie im Flug.

Gerechtigkeitshalber muss man jetzt hinzufügen, dass ein derartiger Abend nach der zwanzigsten oder gar hundertsten Fortsetzung vielleicht doch langweilig sein könnte. Aber nur, wenn man einen Zwillingegeborenen vor sich hat, der tatsächlich lediglich auf der unterhaltsamen Schiene zu Hause ist. Denn es gibt ja noch die andere Seite, mit der Zwillinge peu à peu rausrücken: ihre Probleme und Komplexe, Ängste und tiefschürfenden Überlegungen zum Sinn des Lebens. Das reicht dann für mindestens weitere hundert keinesfalls öde Abende. Und dazwischen kann man ja gemeinsam ins Kino gehen, zusammen fernsehen oder über Bücher diskutieren … Mit anderen Worten: Zwillinge sind wahrscheinlich dasjenige Tierkreiszeichen, mit dem etwas nie geschieht: dass zwei Menschen an einem Tisch sitzen, kein Wort miteinander reden und gelangweilt vor sich hin glotzen.

Der Astro-Flirt

Sprache ist das Medium der Zwillinge, sie sind unersättlich neugierig, charmant, brillante Unterhalter und dürsten nach Abwechslung. So verwundert es nicht, dass Menschen, die im Zeichen Zwillinge geboren sind, am leichtesten Kontakt schließen. Diese so geselligen Zeitgenossen lassen keine Einladung aus, und sie gehören sicher zu den Gästen, die als Letzte nach Hause gehen.

Überhaupt ist der typische Zwillingegeborene der ideale Partygast, er stellt sich jedem Neuankömmling gleich selbst vor und macht ihn auch mit den anderen Gästen bekannt, eine Entlastung für jeden Gastgeber. Doch sollte das Fest langweilig sein, ist er schnell auf und davon und sucht sich eine interessantere Umgebung.

Gäbe es eine »Olympiade im Flirten«, ergatterten Zwillinge alle Goldmedaillen. Die typischen männlichen Vertreter dieses Tierkreiszeichens schäkern eigentlich pausenlos. Es scheint ihnen so im Blut zu liegen, dass man sich ohne weiteres vorstellen kann, wie sie bereits der Hebamme zugezwinkert haben, als sie gerade auf die Welt kamen; und auch im hohen Alter blinzeln sie noch häufig einer jungen Schönheit zu.

Die waschechte Zwillingefrau ergreift gern die Initiative und flirtet sich im Handumdrehen in die Männerherzen hinein. Wie lange sie dann dort verweilt? Dauerhaft verlieben wird sich diese unternehmungslustige Eva letztlich nur in einen solchen Mann, der ständige Veränderungen nicht nur schätzt, sondern sie ebenso bewirken kann.

Flirten Sie als Zwillingepartner ruhig ebenfalls, dann sind Sie für ihn/sie die Herausforderung, die er/sie liebt und braucht.

Sind Zwillinge gut im Bett?

Die Antwort auf diese delikate Frage lautet: »Kommt drauf an, was man will!« Wer sich den Themen Sex und Erotik vorurteilsfrei und experimentierfreudig nähert, findet vielleicht keinen besseren Partner als den Zwillingegeborenen. Es wurde schon betont, wie verwandlungsfähig Zwillinge sind, wie sehr sie das Leben und damit auch die Liebe als eine große, interessante Show betrachten. Und natürlich macht diese Einstellung nicht vor dem Bett halt. Im Gegenteil! Gibt es denn eine bessere Möglichkeit, als mit allen Raffinessen der Erotik einen Mann bzw. eine Frau zu verführen? Die Frage, welche B(r)ettspiele sie außer Schach und Halma noch beherrsche, beantwortete eine Zwillingepersönlichkeit einmal so: »Alle ohne r!«

»Wie machen wir es heute: heftig oder zärtlich, cool oder leidenschaftlich?« Mit einem solchen Satz könnte eine Liebesnacht beginnen. Da werden neue Stellungen ausprobiert, und wenn man's mag, kommt vielleicht noch etwas Sadomasochismus hinzu – immer mit gegenseitigem Einverständnis, versteht sich. Zwillingen etwas anzutragen, was gegen ihren Willen ist, bedeutet das sichere Aus. Aber an den Rand sämtlicher Tabuthemen darf man sich schon bewegen. Dazu gehört natürlich ebenso, dass man seinen sexuellen Phantasien freien Lauf lässt, sie erforscht und uneingeschränkt umsetzt.

Auch hier treffen die im Blätterwald und in den elektronischen Medien verbreiteten Ansichten über Sex und Erotik ziemlich genau den Geschmack der Zwillinge. Es ist generell absolut typisch für sie, über dieses Thema zu reden und sich zu informieren. Für einen Krebs oder eine Jungfrau ist Sexualität meist ein viel zu intimes Thema, als dass man darüber öffentlich sprechen könnte.

Kurzum: Sex mit Zwillingen macht Spaß, ist amüsant und auf alle Fälle nie langweilig … Aber – natürlich gibt es auch hier ein Aber – es mangelt an Tiefe. Wer Gefühle, Innigkeit und Hingabe sucht, kriegt mit einem Zwillingepartner vielleicht schnell eine Gänsehaut. Allerdings sind Zwillinge auch an diesem Punkt lernfähig. Mit der Zeit merken selbst sie, dass ihnen etwas fehlt.

Sind Zwillinge gute Partner?

Ein Dasein ohne Zuwendung, Zärtlichkeit und Liebe ist für Zwillinge undenkbar. Sie sind in besonderem Maße beziehungsfähig, kennen zig Leute und leben in einem großen und weitgefächerten sozialen Netz. Doch sind sie nicht gerade die Vorreiter, wenn es um Partnerschaftsfähigkeit geht. Eine solche Zweisamkeit meint ja, dass jeder Beteiligte sich auf sein Gegenüber einstellt, Kompromisse schließt, an den anderen denkt, sich um ihn kümmert. Aber wie sollen sie das mit ihren zahlreichen Verbindungen überhaupt leisten können?

In aller Regel brauchen Zwillinge viel Zeit, bis sie partnerschaftsfähig werden. Sie müssen erst lernen, sich in einer Beziehung fair zu verhalten; und bis sie dazu in der Lage sind, werden sie viele Fehler machen und Unruhe stiften – das gehört bei ihnen zur ganz normalen Entwicklung! Was damit gemeint ist? Nun, dass sie jemanden vor den Kopf stoßen, der mit mehr Verständnis ihrerseits gerechnet hat, oder einen Menschen im Stich lassen, der sich eine Beziehung erhoffte. Oder sie verletzen jemanden, der sich ihnen vielleicht geöffnet hat und nun eine Abfuhr einstecken muss.

Eine »Zweierkiste« mit einem Zwillingegeborenen zu führen heißt, oft nicht zu wissen, woran man ist; und man darf bei einem typischen Vertreter dieses Tierkreiszeichens auch nichts für selbstverständlich halten. Es wird extreme Höhen und Tiefen geben, aber auf der anderen Seite wollen Sie womöglich ja ohnehin kein Leben in Routine, sondern mit Überraschungen, geistreichen Gesprächen, spontanen Unternehmungen an der Seite eines charmanten und sehr liebenswürdigen Partners. Dann sind Sie hier an der richtigen Adresse …

Mit jungen Zwillingen eine feste Partnerschaft einzugehen ist immer wahnsinnig amüsant, aber auch sehr riskant. Allerdings sind die Partner derartig bindungsscheuer Zwillinge in aller Regel selbst noch nicht wirklich bindungsfähig und suchen sich daher unbewusst einen solchen Lebensgefährten aus, weil auch sie meist noch auf der Suche nach Freiheit und der Vielfalt menschlicher Begegnungen sind.

So hält man Zwillinge bei guter Laune

Mit einem aufgeschlossenen, freundlichen Wesen ist es nicht schwer, die Aufmerksamkeit von Zwillingegeborenen zu erregen. Ein bisschen schwieriger wird es schon, ihr Interesse für einen längeren Zeitraum wachzuhalten.

Hören Sie Ihrem auserwählten Zwilling aufmerksam zu und zeigen Sie Interesse für sein Leben, ohne dass Sie die Nase zu tief hineinstecken. Herr und Frau Zwillinge mögen umkomplizierte, phantasievolle, geistreiche Menschen, die sowohl Liebespartner als auch Freund sind. Individuelle Einfälle und Spielchen entfachen ihre Begierde. Direkte einfallslose Anmache törnt sie ab.

Überraschen Sie Ihren Zwillinge-»Adam« doch mal am helllichten Tag in seinem Büro oder auch mitten in der Nacht nur mit einem Mantel, Strümpfen, »High Heels« und einigen Tropfen Parfüm bekleidet. Dieses Erlebnis werden Sie so schnell nicht wieder vergessen. Eine Zwillingefrau erobern Sie am leichtesten mit spontanen Geschenken (sie müssen nicht teuer, aber einfallsreich sein) oder mit einem witzigen, unkonventionellen Blumenstrauß. Es macht richtig Spaß, Geschenke für Zwillinge auszusuchen. Sie lieben alles, was ihren Geist anregt – Bücher, Zeitschriften, Puzzles, Kreuzworträtsel – oder womit sie kommunizieren können, etwa ein schnurloses Telefon, das neueste Handy bzw. ein Notebook, damit man überall ins World Wide Web gehen kann.

Und man muss sie unterhalten, die Vertreter dieses Luftzeichens: Solange Zwillinge etwas zu tun, zu denken, zu fühlen haben, geht es ihnen gut. Selbst wenn sie jammern und sich beschweren, weil sie nicht mehr wissen, wo ihnen der Kopf steht, ist das immer noch besser, als sie zu schonen.

Also beschäftigen Sie Ihren Zwillingepartner: Schenken Sie ihm Kinder oder wenigstens Tiere, drei Tageszeitungen und einen Fernseher mit mindestens dreißig Programmen. Laden Sie immer wieder viele Freunde ein, wählen Sie im Urlaub Plätze, die um Gottes willen nicht völlig vereinsamt sind! Vor allem aber nehmen Sie sich selbst nicht zurück. Er liebt es viel mehr, wenn Sie ihm zur Last fallen, als wenn Sie ihn in Ruhe lassen – egal, ob er dabei laut protestiert oder nicht!

Eine Vorliebe für bestimmte Restaurants hat der Zwillingeborene nicht. Wenn er aber von der Neueröffnung einer Gaststätte hört, muss er unbedingt und möglichst bald dorthin.

Über die Treue der Zwillinge

Man kann Zwillinge als eher nicht treu bezeichnen! Oder anders gesagt: Sie sind stets offen für das Leben und dafür, was es ihnen bringt. Natürlich heißt das nicht automatisch, dass sie immer fremdgehen oder sich spätestens nach einem Jahr Ehe scheiden lassen. Doch man kann einfach nicht sicher sein, dass sie nicht eines Tages nach Hause kommen und mit schuldvollen, aber durchaus glücklichen Augen gestehen, dass sie sich verliebt haben … Sie riskieren eben keine tiefen Gefühle, und auf der

Ebene, auf der es ihnen sich einzulassen möglich ist, scheint beinah jeder austauschbar. Das darf man nicht falsch verstehen. Hinter der Philosophie von Zwillingen steckt auch etwas Wunderbares: eine große Liebe zu allen Menschen und eine Grundüberzeugung, der zufolge man jeden lieben kann.

Ob es dann überhaupt ratsam ist, Zwillinge zu heiraten? Aber ja doch! Aus ihrer Sicht zählt der Moment – nicht die Vergangenheit und nicht die Zukunft. Und im Augenblick lebt der Zwillingegeborene mit seinem ganzen Wesen. Also warum soll er nicht heiraten und Kinder bekommen? Außerdem sind Zwillinge auf anderer Ebene treu. Sie bleiben gute Freunde, auch wenn eine Liebesbeziehung beendet ist. Derartige Freundschaften sind manchmal wertvoller als eine komplizierte Ehe. Und es heißt ja auch nicht, dass sie alle immer auf dem Sprung sind. Besonders wenn sie schon einige Beziehungen durchlebt haben, entscheidet sich die Seele eines Zwillingegeborenen häufig und sagt: So, jetzt bleib ich, jetzt will ich sesshaft werden und mehr die Tiefe als die Weite erkunden!

Das Eifersuchtsbarometer

Zwillinge sind Luftzeichen, und daher finden sie sehr leicht Kontakt. Eifersucht wiederum empfinden sie als störend, es hindert sie daran, viele Menschen kennenzulernen und sich mit ihnen auszutauschen.

Ein eifersüchtiger Zwillingegeborener ist daher ein untypischer Vertreter seines Tierkreiszeichens, denn schließlich will er frei sein und nicht wie ein Mönch leben. Deswegen kann man mit ihm als Partner sicher mehr riskieren als mit anderen Menschen: Ein Seitensprung muss noch nicht das Aus für eine Beziehung bedeuten, ein Ausrutscher heißt nicht automatisch, dass die Partnerschaft am Ende ist. Man kann durchaus wieder von Neuem beginnen.

Aber natürlich gibt es auch bei Zwillingen eine Grenze, nämlich dann, wenn auf einen Partner kein Verlass mehr ist. Auf der »Eifersuchtsskala« rangieren sie trotzdem ganz unten.

Wie gut Zwillinge allein sein können

Natürlich können Zwillinge ohne weiteres allein leben, aber dann benötigen sie wenigstens zwei Telefone, einen gigantischen Freundeskreis und einen »Salon«, also einen Kreis von Personen, der sich regelmäßig trifft. Unerlässlich ist auch ein soziales Klima, das ruhig »tropisch« sein darf. Hauptsache, sie sind von vielen Menschen umgeben. Selbst in einem Palast aus Tausendundeiner Nacht würde ihr Herz trauern, wenn sie dort ihr Dasein allein fristen müssten.

Heutzutage können freilich auch die zahlreichen Chatrooms im Internet diese soziale Vernetzung ersetzen oder zumindest vorgaukeln. Überhaupt habe ich manchmal die Vermutung, dieser Teil des Internets ist von und für Zwillingegeborene erschaffen worden. Verlangt es Zwillinge nach Einsamkeit, kann man sie auch ruhig ziehen lassen. Jede Wette, sie kommen schnell wieder zurück!

Weibliche Zwillinge auf dem Prüfstand

Wenn man dabei ist, sich in eine typische Zwillingefrau zu verlieben, und mit ihr zum ersten Mal ausgeht, ist man einfach hin und weg. Diese Frau ist wie ein Windhauch an Zärtlichkeit, eine Wolke des Glücks. Alles, wovon man als Mann träumt, wird plötzlich wahr. Sie ist zärtlich, liebevoll, hingebungsvoll, aufmerksam, gescheit, burschikos, frech, selbständig, einfallsreich, sexy und, und, und … Wieso ist man dieser Frau nicht schon früher in die Arme gelaufen? Und während der ersten Tage, Wochen, ja, sogar Monate einer gemeinsamen Beziehung werden die verliebten Töne sogar noch höher und inbrünstiger: Diese Frau ist die richtige fürs Leben! Sie stellt alle bisherigen schlichtweg in den Schatten.

Dieser Eindruck kann zwar im Einzelfall einmal tatsächlich der Wahrheit entsprechen, viel wahrscheinlicher ist allerdings, dass man ihren genialen schauspielerischen Talenten erlegen ist. Ein Zwillingemädel kann wie kaum ein anderes die geheimsten Wünsche und Träume ihres Geliebten erraten, und sie setzt sie sofort um. Wünscht er ein witziges, charmantes Fräulein? Bitte schön, hier bin ich! Etwas mehr Romantik gefragt? Auch kein Problem! Oder soll heute etwas Nachdenklichkeit dabei sein? Diese automatische Wunscherfüllung hört auch im Bett nicht auf: Ah, er mag es, wenn man »wild wie ein Tier« Liebe macht …! So wird geschrien und gestöhnt, dass die Wände wackeln. Ist er gar genant und liebt bevorzugt im Dunklen, dann spielt sie das Mädchen vom Lande, das noch nie richtig Liebe gemacht hat.

Genial, dieses Weib! Keine Frage! Der Mann findet »seine innere Frau«, sein Alter Ego, die Frau, mit der er zeit seines Lebens spricht – ob er es merkt oder nicht. Die Frau, die dabei ist, wenn er sich selbst befriedigt, die Frau, die alles von ihm weiß …

Je nach Tierkreiszeichen des Mannes und seiner Lebenserfahrung kommen bei ihm mit der Zeit jedoch Zweifel auf, ob sie wirklich alles so meint, wie sie es sagt. Irgendwann, bei manchen schon nach einem Monat, bei anderen erst nach einem halben Jahr, gibt es dann den ersten großen Krach: »Du spielst mir nur was vor!«, macht er ihr zum Vorwurf. »Du verstehst mich gar nicht wirklich! Du bist nicht echt!« Vielleicht trifft man sich auch nur weniger häufig und lässt die lustigen Sexspiele plötzlich bleiben. Jedenfalls ist die Luft – die Leichtigkeit und Schwerelosigkeit – raus aus der Beziehung.

Natürlich sind die Vorwürfe ungerecht. Die Zwillingefrau hat ja nie ein Hehl daraus gemacht, dass sie gern spielt. Es ist eher die Enttäuschung des Mannes darüber, dass sein Traum zerbricht. Aber Zwillingefrauen werden ihr Lebtag lang diesen Vorwurf hören, dass sie alles zu leicht nähmen, zu oberflächlich wären, nicht tief genug lieben könnten. Damit müssen sie leben. Oder sie versuchen durch bewusstes Hineinspüren oder Selbsterfahrung ihr Manko auszugleichen: ihre Angst vor tieferen Gefühlen, ihre Angst vor Hingabe, ihre Angst vor Nähe. Auf der anderen Seite braucht sich eine Zwillingefrau weiß Gott nicht zu schämen oder zu verstecken. Sie »ist« nun mal Zwillinge- und keine gefühlvolle Krebs- oder einfühlsame Fischegeborene. Und so, wie sie ist, ist sie genau richtig!

Männliche Zwillinge auf dem Prüfstand

Das Bild der Frauen vom Zwillingemann ist äußerst schillernd, vielschichtig und widersprüchlich. Kaum jemand wird in Frage stellen, dass Zwillingemänner zumindest dann, wenn sie eine Frau für sich gewinnen wollen, charmante, witzige, unterhaltsame und vielseitige Typen sind. Doch damit hat's sich auch schon mit der Übereinstimmung. Bei der weiteren Begutachtung fallen garantiert noch äußerst schmeichelhafte Bemerkungen wie »Herzensbrecher«, »Kavalier« oder »zärtlicher und sehr verständnisvoller Liebhaber«, aber auch weniger aufbauende Äußerungen wie »Schmeichler« oder »Angeber« und als Attribute »unsensibel«, »grob« und »verkopft«. Gerade die letzte Eigenschaft wirft man Zwillingemännern wohl am häufigsten vor, und das nicht ohne Grund: Sie sind nicht so stark im Herzensbereich, ihr Schwerpunkt liegt eher im Kopf, und sie versuchen alles, also auch Herzensdinge, logisch zu erklären. Wenn dann ein Zwillingemann zum hundertsten Mal seiner Frau sein Verhalten erklärt und aufrechnet, obwohl sie doch nur in den Arm genommen werden möchte, dann würde sie ihn schon mal gern schütteln, damit er endlich von seiner Großhirnrinde etwas tiefer zu seinen Gefühlen rutscht.

Ich glaube, jeder Frau, die einem Zwillingemann näherkommt, ist klar – bewusst oder unbewusst –, dass dieser Mann zwar leicht zu bekommen ist, aber genauso leicht wieder abhandenkommen kann. Frauen, die an diesem Punkt weitermachen, sind entweder auf der Suche nach etwas Kurzfristigem, einer Affäre, einem One-Night-Stand, oder aber sie sind selbst ein freier Vogel und suchen das entsprechende Pendant. Damen, die an diesem Punkt dichtmachen, sich also sagen: »Nichts für mich« oder »Ich bin mir für so was zu schade«, ersparen sich vielleicht großes Herzeleid, müssen aber bestimmt auch auf ein köstliches Amüsement verzichten.

Leicht ist am Zwillingemann jedenfalls nicht vorbeizukommen: Er verkörpert den Archetyp des Spielers und Sonnyboys, der allemal auf der heiteren Seite des Lebens wandelt, sehr erfahren ist und jede Menge anderer Frauen kennt. Genau das ist ein wichtiger Punkt. Unbewusst zieht es viele Frauen zu einem Zwillingemann, weil sie riechen, dass sie bei ihm lernen können und nicht wieder »die Mutti spielen« müssen. Besonders Frauen, die sich gerade aus einer Klammerbeziehung befreit haben, fliegen auf Zwillingemänner. Sie spüren: Hier ist ein Mann, bei dem sich Freiheit und Liebe nicht ausschließen.

Für Frauen, die sich in früheren Beziehungen die Finger verbrannt haben, sind Zwillinge auch noch aus einem weiteren Grund unglaublich wohltuend: Mit ihnen kann man reden, reden, reden … Und weil sie geborene Schauspieler sind, eignen sie sich auch herrlich als Seelentröster für solche Frauen, die gerade in einer Beziehungskrise stecken. Dann nämlich spielen sie der Dame, die bei ihnen Rat und Trost sucht, all das vor, was diese bei ihrem Jetzigen just nicht (mehr) findet. Da laufen sie zu richtiggehender Meisterschaft auf, wenn sie einen imaginären Rivalen ausstechen können.

Aber Vorsicht, Vorsicht! Frauen, die aufgrund dieser vermeintlichen Liebesfähigkeit des Zwillingemannes dann ihre bisherige Beziehung abbrechen, um bei diesem Traummann zu bleiben, erleben in aller Regel böse Überraschungen. Plötzlich hat ihr zauberhafter Ritter und Tröster keinen Rivalen mehr und entpuppt sich als »ganz normaler Mann«.

Trotzdem sind Zwillinge- neben Wassermann- und Waagemännern die besten Freunde, die sich eine Frau wünschen kann. Mit ihnen lässt es sich prima ausgehen, reden, zärtlich sein, sogar ins Bett gehen – ohne große Dramen. Als Ehemann verlieren sie an Reiz: Ihr Charme wird etwas langweilig, ihre Sprüche sind bekannt, und mit der Zeit ist es zum An-den-Wänden-Hochgehen, wenn sie jeder Frau, die sie noch nicht kennen, Komplimente machen, während sie neben ihrer Ehefrau immer schneller einschlafen und schnarchen. Dennoch können auch langjährige Beziehungen mit ihnen ihren Reiz haben. Wer es geschafft hat, mit einem Zwillingemann trotz aller Seitensprünge und Aufs und Abs ihrer Gefühle zusammenzubleiben, der hat tatsächlich einen Freund fürs Leben, der Neuem zugewandt ist und bei dem trotz aller Dramen die fröhliche, luftige Seite immer wieder durchschlägt.

Einer meiner Freunde, ein Zwillingemann, erzählte mir einmal, wie er sich und sein Liebesleben erlebt: »Ich beanspruche eine Frau für ein gemeinsames Leben, eine zweite muss als Objekt meiner unerfüllten Liebe herhalten, Nummer drei dient als Begleiterin bei bestimmten Anlässen und Reisen, die vierte brauche ich als Therapeutin und die fünfte als Tennispartnerin!« Voilà, wer damit leben kann, hat bestimmt nicht den schlechtesten Mann erwischt …

Wie klappt's mit den anderen Sternzeichen?

Sich zu kennen ist erst die eine Hälfte des Wegs zum Glück. Die andere Strecke muss auch noch zurückgelegt werden. Dabei geht es darum, seine Mitmenschen, besonders den Partner – das »Du« –, zu erforschen. Erst wenn man beides kennt, sein »Ich« und sein »Du«, verfügt man über die Voraussetzungen für eine funktionierende Beziehung und ein befriedigendes Liebesleben.

Mit jedem Vertreter des Zodiaks erwartet einen etwas anderes. Man selbst bleibt zwar immer der oder die Gleiche. Aber weil das Gegenüber wechselt, verhält man sich anders, je nachdem, um welches Tierkreiszeichen es sich handelt.

In der Astrologie sind nun bestimmte Erkenntnisse und Regeln zusammengestellt, die dabei helfen können, mit den verschiedenen potenziellen Partnern besser umzugehen, gemeinsam mehr

Spaß zu haben, Konflikte zu vermeiden, erfüllter zu lieben und zu leben und länger zusammenzubleiben.

Zuvor ist jedoch noch etwas Grundsätzliches zu sagen: Viele Menschen haben den Eindruck, der Sternenkunde zufolge gäbe es Kombinationen, die gut funktionieren, und andere, die »floppen«. Das ist so falsch. Es gibt keine Verbindung, die unmöglich ist. Mit anderen Worten, als Zwillingegeborener kann man mit allen, egal, ob Löwe, Wassermann oder Waage. Allerdings verlangt jede Partnerschaft einen bestimmten »Preis«. Bei manchen Kombinationen heißt der Preis Ruhe oder Entspannung, bei anderen braucht man vielleicht mehr Zeit. Auch ist es von Fall zu Fall möglich, dass man mit einem bestimmten Partner in eine Krise gerät und dann etwas unternehmen muss, um sie gemeinsam zu bewältigen. Es gibt keine Beziehung, die nur positiv ist. Es gibt allerdings solche, die bequemer sind als andere. Wer aber will entscheiden, ob Bequemlichkeit in jedem Fall ein erstrebenswertes Gut ist?

Die Astrologie kann dabei helfen, ein erfülltes Leben in der Partnerschaft zu finden. Doch der Mensch verliebt sich – dem Himmel sei Dank – mit dem Herzen. Das Herz ist allemal stärker als irgendwelche Prinzipien, die unter Umständen sogar noch dogmatisch ausgelegt werden. Deswegen sollte man im Zweifelsfall immer auf seine eigene innere Stimme hören, damit nicht aus einer guten Sache, die die Astrologie ja nun mal ist, für Einzelne ein Hindernis auf ihrem Weg zum Glück wird.

Gegensätze ziehen sich an: Zwillinge und Schütze

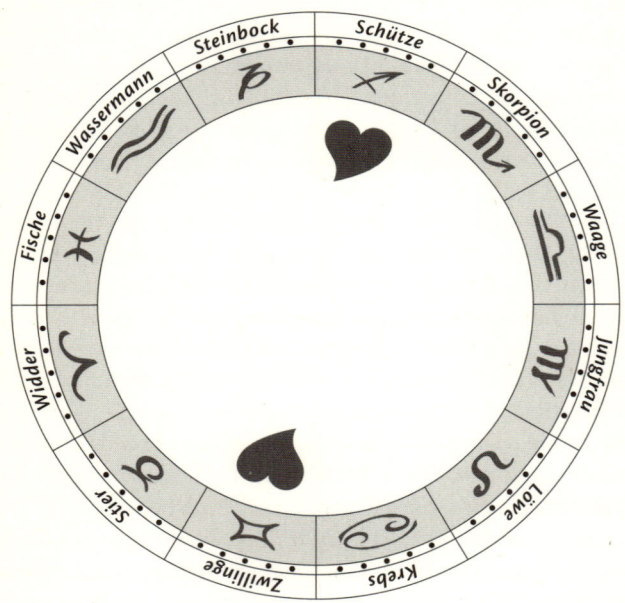

Zwischen den Zwillingen und einem Schützen, ihrem Gegenzeichen (man nennt es auch »Oppositionszeichen«), liegt im Tierkreis die größtmögliche Distanz. Das bedeutet symbolisch, dass zwischen beiden der größte Unterschied besteht. Kein Vertreter des Zodiaks unterscheidet sich stärker von Zwillingen als ein Schütze. Von daher könnte man annehmen, Zwillingegeborene hätten mit solchen Menschen wenig zu tun. Aber das ist ein Irrtum. Der Astrologie zufolge sind zwei sich gegenüberliegende Zeichen zwar so verschieden wie Plus und Minus, aber sie ziehen sich auch an wie der positive und der negative Pol eines elektromagnetischen Feldes. Es fließt also sofort »Strom«, wenn sich Zwillinge und Schütze begegnen.

Es ist ungefähr so, als würde man auf einer Reise in ein weit entferntes Land Menschen treffen, die zwar völlig anders sind als man selbst, die einen aber faszinieren, interessieren und anziehen – als kennte man sie aus irgendeiner fernen Zeit ganz genau.

Der Kosmos »will« eben, dass man sich nicht in sein Ebenbild, sondern in seine Ergänzung verliebt. Letztlich sind ja auch Mann und Frau verschieden, und just aus dieser Verschiedenheit heraus erwächst die unwahrscheinliche Spannung, die Gefühle weckt, welche stärker sein können als alles andere auf der Welt.

»Du hast alles, was mir fehlt …!« Das ist die richtige Einstellung zu seinem Kontrapunkt – und: »Zusammen sind wir ganz, so wie zwei Kreishälften einen vollständigen Kreis bilden.« Zwillinge, die Schützen gegenüber eine grundsätzliche Ablehnung hegen, sollten sich dieses astrologische Gesetz der Liebe immer wieder vor Augen halten und in sich hineinspüren. Ganz sicher finden sie eine Resonanz, ein Gefühl von Neugierde und tiefem Interesse, das sie bisher vielleicht nur noch nicht wahrgenommen haben.

Was die Sterne über Zwillinge und Schütze sagen

Der Schütze ist, wie der Name schon verrät, ein Jäger, für den die Eroberung und die Jagd nach potenziellen Liebhabern das Höchste bedeutet. Und wie bei jedem Jäger erlahmt die Aktivität, nachdem die Hatz erfolgreich war und die Beute »erlegt« ist. Er eignet sich also bestimmt nicht als Partner für eine konventionelle Beziehung; und er scheut sich häufig, eine Ehe einzugehen, weil er befürchtet, dass er sich danach wie in einem Gefängnis fühlt.

Zwillinge stehen ihm darin in gewisser Weise in nichts nach. Allerdings ist für sie nicht die Jagd das Schönste an der Liebe, sondern der Wechsel. Man kann sie mit Schmetterlingen vergleichen, die von einer Blüte zur anderen schweben und nirgends lange verweilen. Insofern treffen sich zwei »ebenbürtige« Partner: Beide sind bindungsscheu, beide suchen das Vergnügen und die Lust.

Eine Beziehung kann dann entstehen, wenn jeder jeweils für den anderen so interessant ist, dass er den Entschluss fasst, bei ihm zu bleiben. Für Zwillinge muss also ein Schütze so viel bieten, so viel

Abwechslung parat haben, dass sie die anderen vergessen können. Und Zwillinge wiederum müssen für einen Schützen – auch wenn sie »erlegt« sind – immer wieder eine Überraschung in petto haben, so dass des Schützen Jagdfieber nie erlahmt. Tatsächlich verstehen es die beiden, genau in der Weise miteinander umzugehen. Es entsteht eine Beziehung, die lange anhält und die durch Kinder noch stabiler und spannender wird.

Das kleine Liebesgeheimnis

Gegensätze ziehen sich an. Und was am weitesten voneinander entfernt liegt, kann sich auch am nächsten liegen. Liebe ist gerade die goldene Brücke zwischen Gegensätzen. Sie macht uns ganz, weil sie das bringt, was uns selbst fehlt. In der Astrologie heißt es (und dies ist die Botschaft aller esoterischen Lehren), dass jedes Singuläre und Vereinzelte das Bestreben hat, ganz zu werden. Dieser Wunsch kann umso größer sein, je mehr sich der eine Mensch vom jeweils anderen unterscheidet. Und entsprechend stärker ist die Liebe.

Das gilt in besonderer Weise für eine Beziehung zwischen Zwillinge und Schütze. Aber das ist auch eine generelle Gesetzmäßigkeit. Denn jeder andere Mensch, gleich welchen Tierkreiszeichens, wird in irgendeiner Hinsicht ganz anders sein als Sie. Wenn Ihre Herzdame oder Ihr Herzbube ein Schütze ist, sollten Sie diese Verschiedenheit also nicht von vornherein als Störung und Hindernis betrachten, sondern als Chance, noch tiefer, noch umfassender zu lieben.

Knapp vorbei ist auch daneben:
Zwillinge und Skorpion · Zwillinge und Steinbock

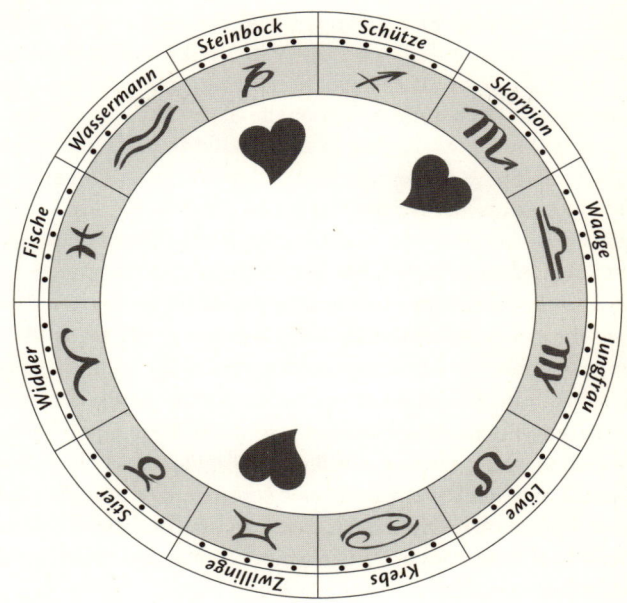

In diesem Abschnitt geht es um die Beziehung zu zwei Zeichen, die unmittelbar neben dem Gegenzeichen, dem Schützen, liegen: um den Skorpion und den Steinbock. Diese beiden befinden sich ebenfalls sehr weit vom Zeichen Zwillinge entfernt.

Man sollte also annehmen, auch zwischen Zwillingen und Skorpion einerseits und Zwillingen und Steinbock andererseits existiere eine ähnliche »Anziehung und Abstoßung«. Aber wieder hat die Astrologie eine Überraschung parat: Diese Beziehungen sind schwierig und funktionieren nur unter Vorbehalt. Die Ursache liegt in der unterschiedlichen Grundstimmung. Zwillinge ist, was das Element betrifft, ein Luftzeichen. Skorpion ist ein Wasser- und Steinbock ein Erdzeichen. Zwischen Luft einerseits und Wasser bzw. Erde andererseits bestehen schwerwiegende Differenzen des Erlebens und Verhaltens.

Man kann sich das wieder ungefähr so vorstellen, als begegnete man auf einer Reise in ein fernes Land Menschen, die allerdings völlig anders sind als man selbst. Aber dieses andere empfindet man zunächst nicht als reizvoll, anziehend und aufregend, sondern es erweckt erst einmal Vorbehalte und stößt auf Ablehnung. Mit einem Wort, man ist sich fremd und findet auf Anhieb keine Möglichkeit, dieses Befremdliche aus dem Weg zu räumen.

Sollte man dann Menschen mit jenen beiden Tierkreiszeichen meiden? Die Antwort lautet natürlich: »Nein!« Denn es gibt auch zahlreiche Gründe, die *für* eine Beziehung mit ihnen sprechen. So lernt man im Umgang mit derartig fremden Naturellen in der Regel sehr viel mehr als mit solchen, die einem vertraut sind.

Es kommt auch vor – und dies passiert gar nicht so selten –, dass es das eigene Schicksal zu sein scheint, gerade Menschen zu lieben, die aus einer völlig konträren Welt kommen. Zum Beispiel kann es sein, dass es in der Familiengeschichte schon einmal oder mehrmals ein derartiges Zusammenkommen mit Fremden gegeben hat (Eltern oder Großeltern etwa können ebenfalls eine solche Beziehung gehabt haben, so dass man seine eigene Existenz diesem Wagnis verdankt).

Doch wie auch immer, man muss wissen, dass man hier keine leichte und bequeme Lösung gewählt hat und nicht erwarten kann, dass sich diese Beziehung ohne Probleme gestalten wird.

Was die Sterne über Zwillinge und Skorpion sagen

Beide Zeichen sind auf verschiedene Art Zweifler. Der intellektuelle Zwillingegeborene stellt mit seinem scharfen Verstand alle Gegebenheiten in Frage, und der Skorpion deckt mit seinem Drang nach tiefschürfenden Erkenntnissen hintergründige Motivationen auf. Wenn die Brücke zwischen geistiger Leichtigkeit und seelischem Tiefgang geschlagen werden kann, so finden wir hier ein Paar, das sich gegenseitig sehr viel zu geben vermag.

Auf der anderen Seite trennen beide Berge unterschiedlicher Auffassungen und Lebensgewohnheiten: Typische Zwillinge sind kommunikative, weltoffene, positive Menschen. Waschechte Skorpione sind introvertiert, verschlossen und beanspruchen den Partner ganz für sich.

Wenn diese zwei Menschen überhaupt zusammenkommen, dann spielt in 99 von hundert Fällen der Sex eine entscheidende Rolle: Der Zwillingepartner findet beim Skorpion die Lust und Leidenschaft, von der er sonst höchstens im Kino erfährt. Und der Skorpion liebt es, vermeintlich unbedarfte Menschen wie typische Zwillinge in die hohe Kunst der Liebe einzuweisen.

Was die Sterne über Zwillinge und Steinbock sagen

Man nähert sich mit gegenseitigem Respekt. Manche Begegnungen der typischen Vertreter dieser beiden Tierkreiszeichen kommen über eine vielversprechende Liebesnacht nicht hinaus. Andere wiederum werden erst nach Monaten so warm, dass sie miteinander ins Bett gehen können.

Eine Verbindung zwischen einem Steinbock und einem Zwillingegeborenen bedeutet nämlich für beide eine ungeheure Herausforderung. Der Steinbock hat seine Erkenntnisse hart erarbeitet und vertritt konsequent seinen Standpunkt. Dieser wird nun vom geistigen Windspiel der Zwillinge ständig in Zweifel gezogen. In den Augen des Steinbocks ist der Zwillingepartner ein Luftikus, auf den, wenn es ernst wird, kein Verlass ist. Umgekehrt wissen Zwillinge mit dem statusbewussten Steinbock nicht richtig umzugehen. Einerseits finden sie sein »Getue«, seinen Ernst und Ehrgeiz komisch, auf der anderen Seite ahnen sie, dass sie ohne derartige Tugenden im Leben nicht recht weit kommen.

Die beiden haben die nicht ganz leichte Aufgabe, ein Gleichgewicht zwischen einer nachdenklichen und gewissenhaften Lebensart einerseits und einer unbeschwerten und lässigen andererseits zu finden.

Das kleine Liebesgeheimnis

Wenn Sie als Zwillingegeborene(r) jemanden kennen oder lieben, dessen Tierkreiszeichen Skorpion oder Steinbock ist, dann sollten Sie sich sagen, dass es bestimmt Gründe gibt, warum Sie gerade diesem Menschen begegnet sind. Lernen Sie von ihm, dass das Fremde kein Hinderungsgrund für eine tiefe Liebe sein muss. Gehen Sie davon aus, dass Sie zusammen einen zwar schwierigen, aber unglaublich interessanten Weg einschlagen können.

Versuchen Sie immer wieder, die Situation aus den Augen dieses anderen Menschen zu betrachten, sie mit seinen Ohren zu hören und mit seinen Gedanken zu erfassen. Lernen Sie dadurch eine Welt kennen und lieben, von der Sie sonst vielleicht kaum je etwas erfahren hätten.

Ein Vertrauter in der Fremde:
Zwillinge und Waage · Zwillinge und Wassermann

Zwischen dem Tierkreiszeichen Zwillinge und den beiden Abschnitten Waage und Wassermann besteht auf dem Zodiak eine relativ große Distanz. Man könnte daher vermuten, dass auch Waage- und Wassermanngeborene mit Zwillingen nicht so leicht warm werden und dass eine Liebesbeziehung, wenn überhaupt, nur unter großen Schwierigkeiten und mit zahlreichen Hindernissen möglich ist. Aber nach astrologischen Erkenntnissen verhält es sich genau umgekehrt. Zwillinge und Waage bzw. Wassermann verstehen sich in der Regel auf Anhieb und können ohne weiteres eine lebenslange, erfüllte Beziehung führen.

Es ist, als würden wir auf der bereits erwähnten vorgestellten Reise weit in der Ferne plötzlich jemanden treffen, der aus derselben

Stadt kommt und dieselben Menschen kennt wie wir. Man fühlt sich sofort verstanden, hat Gesprächsstoff und ist glücklich, in der Fremde jemandem zu begegnen, der die gleiche Sprache spricht. Das schafft von vornherein Vertrauen, Sicherheit und Nähe.

Der Astrologie zufolge kommen diese Tierkreiszeichen besonders gut miteinander aus und können langjährige Beziehungen eingehen. Ja, es ist eine der klassischen Beziehungen für eine Heirat und Familiengründung.

Was die Sterne über Zwillinge und Waage sagen

Diese beiden Tierkreiszeichen sind vom gleichen Holz – pardon, Element Luft –, und ihre typischen Vertreter sprechen dieselbe Sprache, haben ähnliche Ansichten und Vorstellungen über die Liebe. Beide sind darüber hinaus sehr eigen, wenn es um die Einschränkung ihrer Freiheit geht.

Waagen sind allerdings mehr an gegenseitiger Verpflichtung interessiert als Zwillinge. Sie, die Waage, will zwar ebenso wie ihr Partner ihr eigenes Leben weiterführen, sie ist aber bereit, um der gemeinsamen Liebe willen gegebenenfalls auch Kompromisse zu schließen. Waschechte Zwillinge zeigen sich an diesem Punkt jedoch weit weniger anspruchsvoll. Ihnen reicht eine lockere Verbindung mit ebensolchen Absprachen.

Das kann zu Konflikten führen. Denn im Gegensatz zur Waage können Zwillinge auch nach einem Streit gut schlafen. Dann ist es immens wichtig, die gegenseitigen Erwartungen zur Sprache zu bringen. Der Zwillingegeborene wird dies direkt und unverblümt tun, die Waage mit diplomatischer Strategie. In aller Regel finden die zwei aber immer eine Lösung, die für beide akzeptabel ist.

Was die Sterne über Zwillinge und Wassermann sagen

Die Verbindung von Zwillingen und Wassermann ergibt ein sprühendes Feuerwerk, eine prickelnde Mischung, die an perlenden Champagner erinnert. Der Wassermann findet im Zwillingegeborenen einen Partner, der seinen Vorstellungen entspricht: Er ist unterhaltsam, charmant, vielseitig, aufgeschlossen und intellektuell. Genau das Gleiche empfinden Zwillinge angesichts eines Wassermanns. Doch während Erstere bekanntermaßen ihre Kontaktfreudigkeit und ihren Wissensdurst wie ein fliegender Schmetterling stillen, der von Blüte zu Blüte fliegt, geht der Wassermann viel elitärer vor und sucht sich seine Kontakte genau aus.

Diese Verhaltensweisen können in einer Beziehung eine gegenseitige Ergänzung bedeuten, das Ganze führt aber häufig auch zu Spannungen: Die festen Lebensmodelle und geistigen Erkenntnisse des Wassermanns werden durch den eher heiteren Zwillingepartner immer wieder in Frage gestellt werden, und das Resultat sind endlose Diskussionen. Der Wassermann neigt obendrein dazu, sich den Zwillingen überlegen zu fühlen (er ist selbstbewusster und weiß, was er will). Das kann dazu führen, dass Zwillinge sich, um sich zu beweisen, bei anderen Sexpartnern »Stärkung« holen. Bei Konflikten ist es daher wichtig, der Frage nachzugehen, wie sehr jeder den anderen achtet und respektiert.

Das kleine Liebesgeheimnis

Wenn Sie als Zwillingegeborener jemanden kennen oder lieben, dessen Tierkreiszeichen Waage oder Wassermann ist, dann können Sie sehr glücklich sein. Sie haben einen Menschen an Ihrer Seite, der beides mitbringt: genügend Ähnlichkeit und Übereinstimmung einerseits und ausreichend Unterschiedliches und Fremdes andererseits. Ihre Beziehung wird nicht langweilig und einschläfernd.

Sollten Sie dennoch einmal über Eintönigkeit klagen, dann brauchen Sie nur gemeinsam Ihre Siebensachen zu packen und zu verreisen. Sobald Sie Ihre gewohnte Umgebung verlassen, Grenzen überschreiten, gemeinsam in einem Hotelbett liegen, kommen Liebe und Leidenschaft zurück – und es ist wie am allerersten Tag.

Das verflixte Quadrat:
Zwillinge und Jungfrau · Zwillinge und Fische

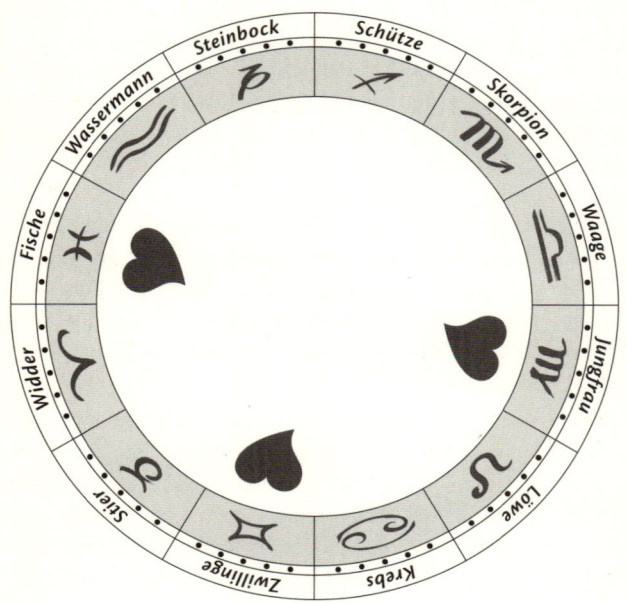

Eine Frau betritt einen Raum, ein Café zum Beispiel, in dem sie noch nie war, was schon von vornherein leicht befremdliche Gefühle und Unsicherheit bei ihr ausgelöst hat. Sie freut sich, da sie einen leeren Tisch sieht, und setzt sich dorthin. Doch dann bemerkt sie aus den Augenwinkeln heraus, dass jemand sie von der Seite anschaut. Sie blickt schnell hoch, doch der (oder die) andere sieht weg. Sobald sie sich aber wieder mit der Speisekarte oder einer Zeitschrift beschäftigt, wiederholt sich das Spiel: Die Frau fühlt sich beobachtet. Dieser Mensch beginnt ihr auf die Nerven zu gehen, aber da ist auch eine gewisse Neugierde, wer denn diese andere Person sein mag. Kennen sie sich vielleicht von irgendwoher? Ob alles auf einer Verwechslung beruht? Oder ob der andere vielleicht schräge Absichten hegt?

Ungefähr so gestaltet sich die Kontaktaufnahme zwischen dem Zeichen Zwillinge und jenen, die im Zodiak in einer quadratischen Beziehung (einem Winkel von 90 Grad) zu ihrem Zeichen stehen, also Jungfrau und Fische. Es besteht Interesse und Ablehnung zugleich. Man kennt sich, ohne zu wissen, woher. Man ist interessiert und irritiert, weiß nicht, ob man bleiben oder gehen soll.

Der Astrologie zufolge sind Beziehungen auf der Basis eines Quadrats sehr schwierig, sie stehen unter Spannung, erzeugen Konflikte, schaden der Liebe, stören sie, führen zu einer Trennung oder lassen überhaupt keine Bindung zu. Sollte man dann nicht um solche Tierkreiszeichen besser einen weiten Bogen machen?

Das kann man so nicht sagen. Das Herz entscheidet sich, wie wir wissen, manchmal gerade für einen derartigen Partner. Es funktionieren auch zahlreiche solcher Liebesbeziehungen. Manche halten sogar ein ganzes Leben lang. Aber sie sind nicht einfach. Mit einem Jungfrau- oder Fischepartner werden Zwillinge das Gefühl nie ganz los, dass sie sich nicht entspannen, sich nicht völlig gehen lassen können. Ein bisschen sieht immer alles nach Arbeit und nach Problembewältigung aus. Hier soll eine schicksalhafte Aufgabe gelöst werden.

Das ist meist auch der tieferliegende Sinn einer derartigen Beziehung. Man muss etwas lernen, bewältigen, in Ordnung bringen. Es gibt Astrologen, die behaupten, solche Bindungen hätten bereits in einem früheren Leben existiert. Damals aber habe man Fehler gemacht, sich nicht respektiert oder was auch immer. Daher müsse man in diesem Leben wieder zusammenkommen, um etwas gutzumachen. Wer weiß …?

Sicher ist, dass Zwillinge mit einem Jungfrau- oder Fischegeborenen etwas lernen. Sie können auch gar nicht anders, wenn ihre Beziehung Bestand haben soll. Eine derartige Partnerschaft ist sogar vorzüglich dafür geeignet, sich persönlich zu entwickeln, aber auch Karriere zu machen. Unbewusst »schiebt« einen der Jungfrau- oder Fischegeborene sozusagen regelrecht auf der Karriereleiter aufwärts. Es kann genauso gut umgekehrt sein, dass Zwillinge ihren Partner nach oben puschen. Die Karriere bzw. der Beruf ist dann etwas, woran sich die Spannung innerhalb einer »Quadratbeziehung« entladen kann.

Eine andere Möglichkeit ist die, dass Paare mit einer derartigen Tierkreiszeichen-Konstellation Kinder bekommen, die dann (auf positive Weise) ebenfalls als »Spannungslöser« wirken. Auch ein guter Freund oder enger Bekannter, sogar ein Haustier wie ein Hund oder eine Katze können diese Rolle übernehmen.

Was die Sterne über Zwillinge und Jungfrau sagen

Beide Tierkreiszeichen werden vom Planeten Merkur regiert, und ihre typischen Vertreter haben daher Zugang zu einer leichten Lebensart. Die Zeit des Sichkennenlernens und Verliebtseins ist deshalb herrlich. Hinzu kommt, dass der Sex zwischen den beiden normalerweise phantastisch funktioniert, denn sie sind experimentierfreudig und im Grunde genommen für alles aufgeschlossen.

Mit der Zeit treten die Spannungen allerdings immer deutlicher zutage. Denn der Planet Merkur »macht« beide nicht nur charmant und schillernd, sondern schlicht und einfach auch unglaublich kritisch und geradezu beckmesserisch: Jeder nörgelt und krittelt kleinlich am anderen herum. Im Grunde ist es aber so, dass sich in dieser Verbindung zwei unsichere Kandidaten begegnen, die sich vom jeweils anderen Stärkung versprechen. Zugleich gilt jedoch, dass das Vis-à-vis wohl der Letzte wäre, von dem man Hilfe erbitten würde!

Derartige Interaktionen spielen sich natürlich nicht im Bewusstsein ab, sie bestimmen aber das Beziehungsleben, machen es schwierig und führen immer wieder zu unsäglichen Auseinandersetzungen. Wenn die Partnerschaft Bestand haben soll, müssen beide möglichst bald offen über ihre Minderwertigkeitsgefühle sprechen und sich fragen, ob ihre Liebe nicht wichtiger ist als der Drang, sich täglich das Leben mit kleinen und großen Sticheleien gegenseitig zu vergällen.

Was die Sterne über Zwillinge und Fische sagen

Die Verbindung von typischen Zwillingen und Fischen ist den astrologischen Erkenntnissen zufolge nicht gerade die perfekte Kombination für eine Heirat, aber bestimmt für eine wilde Liaison oder auch für eine heimliche Affäre. Fische fühlen in Zwillingen eine verwandte Seele, einen Menschen, der letztlich frei ist wie sie, aber gleichzeitig auch so heimatlos. Das sind natürlich die besten Voraussetzungen für alle erdenklichen Projektionen. Der Zwillinge- hilft dem Fischepartner, seine Gedanken klar in Worte zu fassen; auf der anderen Seite zeigen Fische den Zwillingen, dass man auch »zwischen den Zeilen« lesen kann.

Kommt man dann richtig zusammen, heiratet oder lebt man in einer eheähnlichen Gemeinschaft, lässt sich die Wirklichkeit in aller Regel nicht länger kaschieren: Der Fischegeborene hält sich überwiegend in der Welt der Träume auf, und der Zwillingepartner bewegt sich in der Welt der Logik. Die Diskrepanz führt dazu, dass Fische den Eindruck haben, ihre Gefühle würden zerredet.

Diese Erkenntnis und die anschließende Auseinandersetzung mit dem Problem könnte der Anfang einer guten Beziehung sein. Aber die meisten Paare mit einer Zwillinge-Fische-Kombination brechen an diesem Punkt ab, und es heißt: »Auf ein neues Glück!«

Das kleine Liebesgeheimnis

Wenn Sie als Zwillingegeborener einen Menschen kennen oder lieben, dessen Tierkreiszeichen Jungfrau oder Fische ist, haben Sie einen eher schwierigen Partner gewählt. Aber das muss in gar keiner Weise etwas Negatives sein. Wer will beurteilen, ob Beziehungen immer locker und leicht sein sollen? Lernen wir nicht alle aus dem, was schwierig, problematisch, unangenehm ist? Und das bedeutet ja auch keineswegs, dass Sie mit einem derartigen Partner nicht auch Ihr Glück finden.

Nur Folgendes sollten Sie wissen: Diese Beziehung braucht Kraft und Mut. Sie ist keine Angelegenheit, die so nebenbei läuft. Sie müssen sich immer wieder auseinandersetzen, zueinanderfinden, Ihre Unterschiede betonen und dennoch kompromissbereit sein.

Und Sie dürfen eins niemals vergessen: Sie sind diese Beziehung freiwillig eingegangen, Sie können sie notfalls auch wieder beenden. Es ist Ihre immer wieder neue Entscheidung (und natürlich auch die Ihres Partners), ob Sie zusammenbleiben wollen. Sie müssen sich nicht bis zur Selbsterschöpfung aufreiben.

Gute Freunde und mehr:
Zwillinge und Widder · Zwillinge und Löwe

Die beiden Tierkreiszeichen Widder und Löwe sind dem Abschnitt Zwillinge sehr nah, lediglich ein einziger Abschnitt des Zodiaks liegt jeweils dazwischen. Von daher darf man erwarten, dass es sich bei einem Widder- oder Löwepartner um jemanden handelt, der ähnlich ist, die gleichen Anschauungen hat und so denkt und fühlt wie man selbst. Es ist ungefähr so, als würde man jemanden kennenlernen, der in unmittelbarer Nachbarschaft wohnt, in dieselbe Schule geht oder im selben Betrieb arbeitet.

Trotzdem unterscheidet sich dieser Mensch von Zwillingegeborenen in einem wesentlichen Punkt: Die Zwillinge sind vom Element her Luft; Widder bzw. Löwe jedoch sind Feuerzeichen. Die Elemente Luft und Feuer ergänzen sich. Insofern teilen Zwillinge mit ihnen viel Ähnliches und Verwandtes, aber es gibt auch mehr als genügend Unterschiedliches, so dass es sehr reizvoll ist, einander näher kennenzulernen. Und der Astrologie zufolge gehören diese Beziehungen zu den bestmöglichen!

Was die Sterne über Zwillinge und Widder sagen

Zwillinge genießen die Leichtigkeit des Seins und leben in ihrer herrlichen Welt der Gedanken und Ideen. Sie brauchen die Möglichkeit des Austauschs und des kooperativen Miteinanders. Der temperamentvolle, dynamische und erotische Widder erkennt in dem Zwillingegeborenen einen herrlichen Gespielen, seinen Seelenbruder, seine Seelenschwester, sein Alter Ego, mit dem sich das Leben wunderbar gemeinsam durchwandern lässt. Er ist spontan wie er, so direkt und so verspielt.

In einer Beziehung dieser beiden Tierkreiszeichen findet sich die Balance zwischen lebhaften Diskussionen und praktischem Handeln, was zu immer neuen Ideen und abenteuerlichen Unternehmungen führen kann.

Einzig und allein aufseiten der Zwillinge kommen Vorbehalte auf, denn sie fühlen sich häufig den selbstbewussten Widdern hoffnungslos unterlegen. Dann kommt es darauf an, ob es dem Widderpartner gelingt, seinem charmanten Herzensbrecher das Gefühl zu geben, ein »richtiger« Mann bzw. eine »richtige« Frau zu sein.

Was die Sterne über Zwillinge und Löwe sagen

Löwen sind selbstbewusst und lieben sich, wie sie eben sind. Neben ihnen haben Zwillinge von vornherein schlechtere Karten. Bewusst oder unbewusst spüren sie die Überlegenheit des anderen. Manche Zwillinge können damit prima leben, denn sie haben einen Partner gefunden, auf den sie stolz sind, den sie vergöttern und auf Händen tragen. Kann man mit Löwen nicht wunderbar ausgehen, und wird man nicht überall bewundert? Im Glanz von Löwen können sich auch Zwillinge sonnen und gewinnen selbst an Ausstrahlung.

Umgekehrt gehören in den »Hofstaat des Königs im Zodiak«, des Löwen, einfach Zwillinge. Sie sind wunderbare Freunde, Unterhalter und Liebhaber. Da ihr Element Luft ist, besitzen sie darüber hinaus genau den Stoff, den das Feuerzeichen Löwe benötigt, damit seine Flamme lodern kann.

Eine Verbindung zwischen den beiden Tierkreiszeichen bringt aber auch einiges an Spannungspotenzial mit sich. Es gibt Zwillinge, die dem Löwen seine Größe verübeln und heimlich mit ihm rivalisieren. Sie stellen sich die Frage, ob sie auf Dauer bereit sind, stets sein Bote zu sein. Dann ist das Klima vergiftet. Zum anderen besteht eine Tendenz, dass der Löwe zu hohe Lebensziele steckt oder zu verschwenderisch lebt. Nur ein offenes Gespräch kann hier Abhilfe schaffen. Letztlich wird es dabei darum gehen, dass der Zwillingepartner es annehmen kann, neben einem derartig selbstbewussten Menschen zu leben, aber genauso, dass der Löwe sich vor allzu viel Selbstgefälligkeit hütet.

Das kleine Liebesgeheimnis

Wenn Sie als Zwillingegeborener einen Widder oder einen Löwen kennen, haben Sie einen für Sie idealen Partner gefunden. Sie werden sich prima verstehen, und Sie haben einen Menschen an Ihrer Seite, auf den Sie sich verlassen können. Gelegentlich aufkommende Langeweile oder Disharmonien können Sie immer aus der Welt schaffen, indem Sie gemeinsam etwas unternehmen. Aber Sie sind »Freunde«, vergessen Sie das nie! Freunde versuchen sich nicht zu gängeln und auch nicht zu betrügen. Solange Sie diese Spielregel beachten, leben Sie in einer glücklichen Partnerschaft, die durch Kinder noch stabiler und erfüllter werden wird.

(Nicht immer) gute Nachbarn:
Zwillinge und Stier · Zwillinge und Krebs

Die beiden Tierkreiszeichen Stier und Krebs liegen auf dem Zodiak unmittelbar neben dem Zwillingeabschnitt. Von daher erwartet man vielleicht, dass man sich – wie es bei »richtigen« Nachbarn auch sein sollte – wunderbar versteht.

Einerseits trifft das sicher zu: Die Kombination von nebeneinanderliegenden Tierkreiszeichen ist tatsächlich häufig, und diese Beziehungen sind oft sehr befriedigend. Beide Partner haben das Gefühl, dass sie zueinander gehören, und fühlen sich, wenn sie sich kennenlernen, sehr schnell vertraut – so als wären sie uralte Bekannte, vielleicht sogar noch mehr, Geschwister zum Beispiel.

Aber das ist nur die eine Seite der Medaille. Wie es bei besagten »richtigen« Nachbarn oder Geschwistern bekanntermaßen auch vorkommt, entsteht schnell das Gefühl von Konkurrenz, Neid und Eifersucht. Es ist, als müsste sich jeder dem anderen gegenüber behaupten und besser, unabhängiger, liebevoller oder sonst was sein. Insbesondere die Unterschiede werden dabei zu stark hervorgehoben. Solche Differenzen bestehen ja in der Tat, aber sie sind etwas ganz Normales. Denn bei den Zwillingen handelt es sich um ein Luftzeichen, während die beiden Nachbarn den Elementen Erde (Stier) bzw. Wasser (Krebs) zugeordnet sind.

Man ringt also um Abgrenzung und Individualität: Bei Geschwistern entwickelt man sich ab einem bestimmten Alter auseinander, aber keineswegs weil man sich nicht mehr liebt, sondern weil man eigene Wege gehen muss und zu viel Nähe und Vertrautheit einen daran hindern würden. Ähnliches kann in einer Partnerschaft geschehen. Zwei Vertreter von Tierkreiszeichen, die nebeneinanderliegen, können zuweilen sogar recht niederträchtig miteinander umspringen. Hier gilt es, beizeiten zu lernen, sein Bedürfnis nach Abgrenzung auf positive Weise auszuleben. Denn nur dann, wenn man seine Individualität pflegt, ohne den anderen zu diskriminieren, gibt es eine glückliche Zweisamkeit, die Bestand hat.

Was die Sterne über Zwillinge und Stier sagen

Wie gesagt: Ein bisschen gleicht ein Zwillingegeborener einem bunten, leichten, schillernden Schmetterling, der gern bei seiner »Stierblume« rastet und nascht, um dann wieder von dannen zu ziehen. Der Stier wiederum ist glücklich, weil er über seinen luftigen Partner Anschluss an die Welt außerhalb seiner eigenen vier Wände bekommt, viele neue Menschen kennenlernt, nicht allein ist und damit weiß, was »draußen« geschieht: So könnte eine Traumbeziehung zwischen den beiden laufen.

Oder sagen wir besser: Derart sieht es vielleicht am Anfang einer Liebe aus. Ist nämlich die Phase gegenseitiger Bewunderung erst einmal abgekühlt, treten die Unterschiede immer stärker zutage. In vielen solcher Kombinationen ist es nämlich so, dass – in der Sicht des Stiers – aus dem leichten, unbeschwerten Schmetterling eine lästige Hummel wird, die ihn immer wieder stört und um seine heilige Ruhe bringt. Und die Partnerschaft mit der herrlichen »Stierblume« entwickelt sich nach der Meinung des Zwillingegeborenen zum Gefängnis, das ihm das Gefühl gibt, er sei unfrei und könne sein Leben nicht mehr leben.

Dann hilft nur noch ein klärendes, aufdeckendes Gespräch, in dem beide Mittel und Wege finden, sich ihrer gegenseitigen Liebe zu versichern – auch wenn ihr jeweiliger Partner anders ist, als beide erwartet haben.

Was die Sterne über Zwillinge und Krebs sagen

Krebse sind gefühlvoll und haben damit genau das, was typischen Zwillingen zunächst einmal abgeht. Letztere leben ja eher aus dem Kopf heraus, denken und analysieren. Krebse hingegen verlassen sich auf ihren »Bauch«, erspüren, verlassen sich auf ihr Gefühl. Diese ausgesprochenen Gegensätze können sich also gut ergänzen.

Doch gilt es auch in einer solchen Kombination, bestimmte Klippen zu umschiffen. Der waschechte Zwillingegeborene gleicht nämlich einem bunten Vogel. Er braucht den lebhaften Gedankenaustausch mit Nachbarn und Freunden. Dort, wo seine spielerische Unverbindlichkeit zum Zuge kommen kann, fühlt er sich wohl. Der Krebs hingegen ist häuslich, und er vertritt die Ansicht, dass Gefühle ganz einfach »da sind« und es nicht nötig ist, darüber zu diskutieren.

Gefühl und Verstand prallen also aufeinander und können zu bizarren Missverständnissen führen: Der Zwillingepartner fühlt sich nicht geliebt, wenn er es nicht *hört*, er ist ja auf Worte angewiesen, während der Krebs Gefühle nicht besprechen will. Umgekehrt kann der Zwillingegeborene dem Krebs tausendmal sagen, wie sehr er ihn liebt: Sein Partner will keine Worte hören, er will die Liebe *fühlen*.

Wenn diese beiden Menschen zusammenbleiben, dann nur, wenn sie sehr flexibel und bereit sind, voneinander zu lernen: Der Krebs braucht die Einsicht, dass eine Liebe auch existieren kann, wenn man nicht ständig aneinanderklebt. Und der Zwillingepartner muss verstehen, dass man seinen Erlebnishunger auch stillen kann, wenn man nicht dauernd unterwegs ist.

Das kleine Liebesgeheimnis

Mit einem Krebs- oder Stierpartner haben Sie als Zwillingegeborener einen wunderbaren Menschen an Ihrer Seite: Seine Welt ist Ihnen vertraut, er ist wie ein guter Bruder oder eine liebevolle Schwester zu Ihnen, er wird auf Sie aufpassen und Ihnen das Gefühl von Geborgenheit schenken – und genauso verhalten Sie sich umgekehrt ihm gegenüber.

*Sie müssen aber wissen, dass Sie sich unter Umständen **zu** nahe sind, weswegen sich Ihre Unterschiede nicht richtig entfalten können. Eine derartige Beziehung geht nur dann gut, wenn Sie sich Ihre natürliche Verschiedenheit zugestehen und trotz Ihrer großen Nähe immer wieder ganz andere Wege gehen. Kultivieren Sie Ihren Unterschied! Lassen Sie nicht zu, dass Sie sich noch ähnlicher werden! Unternehmen Sie immer wieder einmal etwas allein – das hilft Ihrer Liebe.*

Wenn es zu Konflikten kommt, ist es wichtig, dass Sie Differenzen herausarbeiten und sie sich auch gegenseitig zugestehen.

Ich liebe ... »mich«: Zwillinge und Zwillinge

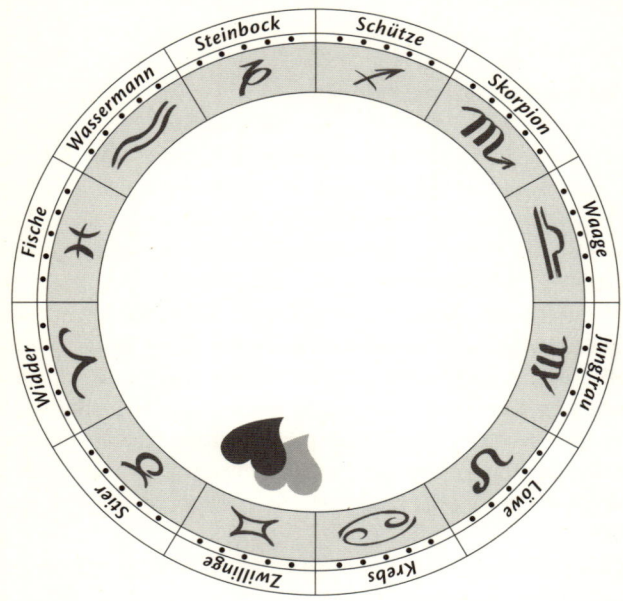

Eine Beziehung zwischen Menschen mit dem gleichen Tierkreiszeichen ist so eine Geschichte für sich. Zum einen hat man seinen »Zwillingsbruder« bzw. seine »Zwillingsschwester« gefunden, und man kennt den anderen wie sich selbst. Man ist sich vertraut, denkt, fühlt, handelt genauso, und das kann wunderschön sein. Manchmal versteht man sich sogar ganz ohne Worte. Beim Thema Sex zum Beispiel scheint der andere genau die Wünsche zu erraten, die man selbst immer träumt.

Auf der anderen Seite kann man sich auch *zu* ähnlich sein. Menschen haben nicht nur ein Bedürfnis nach Nähe, Ähnlichkeit und Verständnis, sondern auch nach Individualisierung, nach Abgrenzung, nach dem Anderssein. Und genau dieses Bedürfnis

»stört« in Beziehungen mit dem gleichen Tierkreiszeichen normalerweise früher oder später die Liebe. Es kommt dann zu der paradoxen und absurden Situation, dass zwei Menschen, die sich im Grunde eigentlich so gleichen wie ein Ei dem anderen, plötzlich ihre Unterschiede betonen, als kämen sie von zwei verschiedenen Planeten, und sich am Ende überhaupt nicht mehr verstehen.

Wozu sollte man dann eine derartige Beziehung überhaupt eingehen? Nun, wie gesagt, man hat ja erstens oft gar keine andere Wahl, weil das Herz (Gott sei Dank!) allemal stärker ist als irgendwelche Theorien. Und zweitens ist eine Beziehung mit einem Menschen desselben Tierkreiszeichens sehr wohl ein Gewinn. Infolge der ständigen Auseinandersetzung mit dem »Doppelgänger« kann man nämlich damit beginnen, seine eigenen Qualitäten stärker zu erleben. Das ist insbesondere für diejenigen wichtig, die ihre Stärken und Schwächen nicht richtig kennen. Genauso bedeutsam ist ein anderer Aspekt: Wer einen Partner mit demselben Tierkreiszeichen liebt, kommt vielleicht auf diesem Weg auch zur Liebe zu sich selbst.

Was die Sterne über Zwillinge und Zwillinge sagen

Diese Liebe ist wie ein ekstatischer Sinnenrausch. Das Paar hat etwas, was nur sie selbst verstehen, ein Geheimnis, das in ihren Seelen ruht und sie verbindet wie Bruder und Schwester. Bei jungen Menschen ist diese Beziehung allerdings meistens nicht von langer Dauer: Noch so viel gibt es zu erleben! Eine reife Zwillingebeziehung hingegen ist geradezu eine Köstlichkeit, es handelt sich um ein charmantes, freies Paar, das ohne weiteres zusammen in die Ewigkeit eingehen kann.

Natürlich existieren auch Spannungen und Ungereimtheiten. Sie sind ja beide recht unstete Gesellen. Und dadurch, dass sie jetzt zu zweit sind, verringert sich ihre Unsicherheit in gar keiner Weise. Des Weiteren besteht, wie bei allen anderen Tierkreiszeichen auch, trotz der kolossalen Ähnlichkeit ein Drang, sich gegeneinander abzugrenzen. Im ungünstigen Fall werden also kleinste Unter-

schiede überproportional betont und allerlei Scheingefechte aus-
getragen, um sich vom anderen abzugrenzen und zu beweisen,
wie einmalig, besonders und anders man ist.

Das kleine Liebesgeheimnis

*Eine Beziehung zweier Menschen mit dem gleichen Tierkreiszeichen
wird in aller Regel nach einer anfänglichen Phase kolossaler Eupho-
rie mit Schwierigkeiten konfrontiert. Es geht dann darum, das
Gemeinsame und das Unterschiedliche auseinanderzuhalten und
sich nicht in extremen Positionen zu verlieren. Für eine derartige
Beziehung ist es besonders wichtig, Unterschiede wohlwollend zu
akzeptieren und sich gegenseitig möglichst viele Freiräume zuzugestehen.*

*Ganz falsch wäre es allerdings, wenn die Partner versuchten, **noch**
mehr Ähnlichkeiten herzustellen, zum Beispiel indem sie miteinander arbeiten oder jede freie Stunde gemeinsam verbringen.*

Die Zwillinge und ihre Gesundheit

Seit über zweitausend Jahren existiert eine systematische astrologische Gesundheitslehre, und bis weit über das Mittelalter hinaus bedienten sich die meisten Ärzte dieser Systematik, um Krankheiten zu diagnostizieren und zu heilen. Ein guter Arzt war früher immer auch ein Astrologe. Seine Diagnose und Behandlung richteten sich nach den Sternen. Nie wäre einem damaligen Medicus eingefallen, einen Eingriff am Körper vorzunehmen, ohne die Konstellation der Sterne zu konsultieren. Erst im Zusammenhang mit dem in der Einleitung erwähnten Niedergang der Astrologie ab dem 16. bzw. 17. Jahrhundert trennte sich die Medizin von der Astrologie. In jüngster Zeit allerdings beginnen immer mehr ganzheitlich denkende Ärzte, sie wieder mit einzubeziehen, wenn es um Vorbeugung, Diagnose und Behandlung geht – und die Erfolge geben ihnen recht. Dass man zum Beispiel Operationen oder Zahnextraktionen besser bei abnehmendem Mond vornimmt, ist heute eine weitverbreitete Erkenntnis, was nicht nur viele Patienten wissen, sondern auch immer mehr Ärzte berücksichtigen. Ebenso findet die allgemeine astrologische Gesundheitslehre, wonach jedem Sternzeichen bestimmte Krankheitsdispositionen zugeordnet werden, bei immer mehr Menschen Beachtung. Ich bin überzeugt von ihr. Wer sich nach ihr richtet, bleibt länger gesund, jung, dynamisch und unterstützt bei einer Krankheit ohne Zweifel den Genesungsprozess.

Die Schwachstellen von Zwillingegeborenen

Die Astrologie sagt, die Schwachstellen von Zwillingen seien die Kontaktorgane: Hände, Haut, Arme, Lunge. Mit den Händen fasst man sich an. Denken Sie an eine Begrüßung. Über die Haut erfolgt ein intensiver Kontakt. Man stelle sich zwei Menschen vor, die sich lieben. Man umarmt sich. Und die Lunge? Auch die Lunge ist ein Kontaktorgan, freilich vielleicht erst auf den zweiten Blick: In

einem geschlossenen Raum halten sich mehrere Menschen auf –
und alle sind auf die hier befindliche Luft angewiesen. Jeder Anwe-
sende wird also irgendwann Luft einatmen, die schon in den Lungen der anderen war. Deshalb zählen diese in der Astrologie zu
den Kontaktorganen.

Atemprobleme und Hautausschläge

Alle Erfahrungen sprechen dafür, dass Zwillinge tatsächlich eher
an diesen Körperstellen erkranken: Sie bekommen einen Haut-
ausschlag, eine Allergie, haben Schwierigkeiten beim Atmen oder
erkranken an Händen und Armen.

Das sind ihre Schwachstellen, ihre – wie es in der Fachsprache
heißt – Loci minoris resistentiae. Aber das trifft eigentlich so nicht
zu. In Wirklichkeit handelt es sich dabei nicht um schwache, sondern sogar um die stärksten Stellen ihres Seins. Da Hände und
Arme jedoch das bevorzugte Medium der Lebensbewältigung eines
Zwillings sind, werden sie entsprechend strapaziert. Man muss sich
ihrer daher besonders annehmen, sie pflegen und hegen.

Zwillinge sind natürlich nicht grundsätzlich gegen alle übrigen
Krankheiten gefeit. Aber der Ursprung bzw. die Ursache einer
jeden Erkrankung – und das ist der springende Punkt – wird sich
immer auf eine Störung im Zusammenhang mit ihren astrologischen Problembereichen zurückführen lassen. Hier nimmt jedes
ihrer Leiden seinen Anfang.

Asthma: Das Spiel von Nehmen und Geben

In zweifacher Weise unterbricht Asthma den natürlichen Atem-
fluss. Zunächst wird das Einatmen kontrolliert. Symbolisch gesehen, versuchen Zwillinge mit Asthma, ihre Lungen, das heißt sich
selbst, vor unerwünschten Kontakten zu schützen. Gemäß der
Analogie von Atmen, Leben und Kontakt schützt sich der Asthmatiker gegen den Fluss des Lebens. »Asthma« ist wortverwandt
mit »Beklemmung«. So hat diese Krankheit mit der Angst vor
dem Hereinlassen und Nehmen zu tun, die sich als Enge beim
Einatmen ausdrückt. Vor allem hat der Asthmatiker aber auch

Probleme mit dem Ausatmen. Er nimmt (die Luft) auf und hält (sie) dann fest. Er durchbricht das Spiel von Nehmen und Geben, wie man den natürlichen Atemrhythmus sinnbildhaft deuten kann.

Häufig atmen Zwillinge rasch und flach. Sie sind richtiggehende Brustatmer. Das entspricht ihrem Naturell, möglichst viele Kontakte herzustellen und nirgends allzu lange zu verweilen. Sie sind an der Vielfalt und Fülle des Lebens orientiert und nicht daran, einen einzelnen Aspekt ewig auszukosten. Regelrecht lebenshungrig, stehen sie unter dem Anspruch, so wenig wie möglich zu versäumen. Daher neigen sie auch zu kurzen und am liebsten offenen, manchmal sogar unverbindlichen Beziehungen.

Wird in ihrem Leben einmal eine bestimmte Tiefe gefordert, haben sie Schwierigkeiten, sich darauf einzustellen. Sie reagieren überzogen, manchmal geradezu phobisch oder hysterisch. Eine etwas kritische Situation kann bei ihnen bereits eine panische Reaktion auslösen. Zwillinge sind daher auch besonders schockgefährdet. Sie sind so wenig gewohnt, einen wirklich tiefen Atemzug zu nehmen, dass sie bei einem Trauma, bei dem der Atem ja kurzzeitig innehält und dann wieder umso tiefer ansetzt, in Angst und Panik geraten können.

Vorbeugung und Heilen

Am Anfang jeder vorbeugenden Maßnahme und Heilung steht bewusstes Erkennen. Einsicht veranlasst uns mit der Zeit dazu, eine bestimmte (falsche, ungesunde) Art zu leben in eine bessere, gesündere zu ändern. Einsicht bedeutet aber auch noch mehr. Zwischen Erkenntnis und dem Körper besteht eine Verständigung. Wissen und Einsicht erhalten bzw. bewirken Gesundheit. Allein daran zu denken, dass eine besondere Veranlagung zu bestimmten Erkrankungen besteht, verändert nicht nur das Verhalten, sondern auch die entsprechenden Körperfunktionen. Einsicht schließt auch ein Verstehen körperlicher und psychosomatischer Zusammenhänge mit ein. Wenn man verstanden hat, wie der Organismus funktioniert, und nachvollziehen kann, wie es zu körperlichen und seelischen Krankheiten kommt, wird jeder verantwortungsbewusste Mensch wacher und gesünder leben.

Allergie, Heuschnupfen und die Unterdrückung der »luftigen Seite«

Heuschnupfen ist eine Überreaktion des körpereigenen Immunsystems auf Gräser und Blütenpollen. Er tritt ganz besonders zur Zwillingezeit auf, also Ende Mai und während des Junis, und er verfolgt auch in besonderer Weise die unter diesem Tierkreiszeichen Geborenen. Im Grunde läuft hier ein ähnlicher Prozess ab wie beim Asthmatiker: Die eigene Natur wird unterdrückt, der Zwillingegeborene versucht, sich infolge früherer Traumata vor der »luftigen Welt« zu schützen.

Ich habe immer wieder festgestellt, dass Allergien und Heuschnupfen bei Zwillingen vor allem dann auftreten, wenn sie Probleme mit ihrem Vater und dessen Vorfahren haben. Es gibt Schwierigkeiten in der Vergangenheit, in der die »luftige Seite« der Männer unterdrückt werden musste.

Bei Asthma, einer Allergie, Heuschnupfen und anderen Erkrankungen der Luftwege sollte man sich daher mit folgenden Fragen ehrlich auseinandersetzen: Wer oder was nimmt mir die Luft zum Atmen? Was oder wer stinkt mir? Was bedrängt mich? Was nimmt mir meinen Raum? Was hindert mich, meine Empfindlichkeit deutlich zu zeigen? Wovon habe ich die Nase voll? Begegne ich der Welt zu selbstgefällig? Habe ich vergessen, die kleinen und einfachen Dinge zu schätzen? Habe ich das Lachen verlernt? Habe ich Angst vor Kontakt?

Arme und Hände: Gebrochene Verhältnisse

Eine Erkrankung oder eine Verletzung der Arme bzw. der Hände verweist symbolisch immer auch auf eine gestörte Beziehung. Besonders Zwillingekinder scheinen dazu zu neigen, ihr »gebrochenes« Verhältnis zu den Eltern durch einen gebrochenen Arm oder eine Verletzung an den Händen zum Ausdruck zu bringen. Oft steht hinter einem Armbruch die Tatsache, dass das Kind jetzt älter geworden ist und endgültig mit der kindlichen Rolle »bricht«. Das kann natürlich auch bei einem Erwachsenen signalisieren, dass er mit einer Lebensphase am Ende ist. Bei Verletzungen an den Händen und Armen kann man nicht mehr richtig greifen und drückt damit zugleich aus, dass man auch nichts mehr »be-greifen« oder nicht mehr »mit-halten« will. Wieder sind es Kinder, bei denen diese Sprache in Analogien noch besonders stark ausgeprägt ist. Zahlreiche Hand- und Armverletzungen scheinen eindeutig eine Antwort der kindlichen Zwillingeseele auf zu starken schulischen und elterlichen Druck zu sein.

Bei Arm- und Handverletzungen sollten daher grundsätzlich folgende Fragen erörtert werden: Was will ich nicht verstehen oder begreifen? Wogegen protestiere ich? Was will ich nicht anfassen? Wo will ich nicht mithalten? Welche Beziehung will ich abbrechen? Welchen Kontakt möchte ich meiden?

Durch richtiges Atmen zu mehr Lebensqualität

Atemtherapie bzw. Atemübungen sind Wege, durch bewusstes Luftholen und -abgeben zu heilen. Sie sind für Zwillinge besonders geeignet, schenken ihnen mehr Leichtigkeit, beleben das Denken und regen zu sozialem Austausch und Kommunikation an. Wer unter diesem Tierkreiszeichen geboren ist und sein Denken und seine Kontaktfähigkeit verbessern möchte, sollte folgende Übungen durchführen, eine Zeitlang möglichst täglich:

Atemübung A: Man sitzt aufrecht auf einem Hocker oder Stuhl. Die Beine sind geschlossen und formen einen rechten Winkel. Die Hände liegen auf der Brust. Man schließt die Augen, sammelt sich, achtet auf den Atem, dessen Intensität man allmählich verstärkt. Zugleich bewegen sich die Arme im Rhythmus des Atems und verstärken und vergrößern das Auf und Ab des Brustkorbs. Beim Einatmen hebt man die Arme in Höhe der Achseln und breitet sie aus, als würde man einen Baum umfassen. Beim Ausatmen nähern sich die beiden Hände wieder dem Brustkorb und drücken schließlich sanft darauf. Während des Einatmens und genauso während des Ausatmens zählt man langsam: »Eins … zwei … drei …«

Diese Übung kann immer wieder einmal zwischendurch gemacht werden. Sie gibt Kraft und stärkt den Atem.

Atemübung B: Man bildet mit beiden Händen Fäuste und stößt sie abwechselnd wie ein Boxer nach vorn. Dabei bläst man seinen Atemstrom heftig durch die gespitzten Lippen, als würde man eine Luftmatratze aufblasen. Diese Übung ist am effektivsten, wenn sie morgens am geöffneten Fenster durchgeführt wird. Dauer: fünf bis zehn Minuten.

Sport

Im Grunde sind alle Sportarten, bei denen man sich besonders ausgiebig bewegt, günstig für Zwillinge. Tennis ist vielleicht am geeignetsten. Denn die ständig ausholende Bewegung mit dem Schläger dehnt und öffnet die Brust auf spielerische Art und Weise. Darüber hinaus ist Tennis, solange es nicht verbissen betrieben wird, eine Sportart, bei der Geschicklichkeit, Geschwindigkeit und Wendigkeit trainiert werden. Außerdem ist es ein Spiel, bei dem der Ball symbolisch einen Kontakt zwischen den Spielern herstellt, was dem Zwillingenaturell ja in besonderer Weise entspricht.

Weitere sehr geeignete Sportarten bzw. Bewegungstechniken sind Jogging, Turnen, Tanzen und Tai Chi Chuan, die chinesische »Meditation in Bewegung« (auch als »Schattenboxen« bekannt).

Die Apotheke der Natur

Nach den universell gültigen Analogieprinzipien haben Heilkräuter, die im Juni reif werden, eine besonders günstige Wirkung auf Erkrankungen der Atmungsorgane. Es sind dies Lungenkraut, Hagebutten, die Saat der Gerste und das Gundermannkraut (Gundelrebe). Des Weiteren erntet man jetzt zur Anregung der Verdauung und damit des allgemeinen Wohlbefindens die Blätter des

Gemeinen und des Römischen Wermuts, Schlehdorn-, Saueramp-
fer-, Leberbalsam-, Eibischwurzelblätter und Holzwurzkraut.
Auch das Birkenwasser wird nun vom Fachkundigen abgezapft,
weil das »Juniwasser dem Haar am besten tut«, wie es in einem
alten Kräuterbuch heißt.

Beim Einsammeln der Kräuter ist es ratsam, etwas über die Phasen des Mondes zu wissen. Denn schneidet man die Kräuter vor
dem Vollmond, dann befindet sich besonders viel des entsprechenden Wirkstoffs in der Pflanze. Nach dem Vollmond dagegen
werden die Wirkstoffe schwächer, was für empfindliche Menschen
aber genau richtig sein kann. Außerdem sollte man Zwillinge-
pflanzen möglichst dann pflücken, wenn der Mond in den Zeichen Zwillinge, Waage oder Wassermann steht.

Die richtige Diät für Zwillinge

Typische Zwillinge haben grundsätzlich eine Veranlagung zu Ver-
dauungsbeschwerden. Denn ihre Nahrungsaufnahme ist wahllos
und folgt beinah ausschließlich dem Lustprinzip. Ähnlich einem
Kind lieben sie alles Süße und genauso alles extrem Saure oder
Salzige. Damit verlangen sie aber ihrem Verdauungstrakt viel Son-
derarbeit ab, was zu Blähungen, Völlegefühl, Schlafstörungen und
unreiner Haut führen kann.

Des Weiteren unterlassen Zwillinge eine ausreichende Aufberei-
tung der Nahrungsmittel. Sie sind in der Regel ausgesprochene
Schnellfutterer, die das Essen am liebsten mit irgendeiner zweiten
Tätigkeit wie Fernsehen oder Lesen verbinden. Das kostet Magen
und Darm zusätzliche Kraft.

Die richtige »Diät« für sie ist daher nichts mehr und nichts weniger als eine bewusste Nahrungsselektion mit entsprechender Auf-
bereitung im Mund. Der berühmte Rat, man solle jeden Bissen
hundertmal kauen (und dabei nicht fernsehen!), gilt also speziell
für Zwillinge. Wenn sie sich dann noch immer mal wieder einen
Monat der Trennkost verschreiben (Literatur darüber findet man
im gutsortierten Buchhandel), bleiben sie nicht nur schlank und
rank, sondern auch gesund.

Beruf und Karriere

Öfter mal was Neues

Thomas studierte nach seinem Abitur zunächst Psychologie. Nach drei Semestern schrieb er sich für Germanistik ein, noch ein Semester später wechselte er zu Französisch und Englisch und entschied sich schließlich wieder für Psychologie. Bereits in diesem Hin und Her erkennt man die Handschrift typischer Zwillinge. Sie sind nun mal keine Steinböcke, Stiere oder Krebse mit einer klaren und festen »charakterlichen« Struktur. Bei Zwillingen wechseln die Ideen wie das Wetter, und entsprechend ändern sich auch ihre Vorstellungen darüber, wie sie ihren Lebensunterhalt verdienen wollen.

Ich glaube, ein Mensch, der von Anfang an weiß, was er werden will, ist kein typischer Vertreter dieses Tierkreiszeichens. Er hat dann vielleicht einen Steinbock- oder Jungfrauaszendenten. Für das flexible Luftzeichen Zwillinge jedenfalls ist ein häufiger Studienfach- oder Berufswechsel eher typisch als Konstanz. Das mag negativ anmuten, aber nur für jemanden, der glaubt, Kontinuität in beruflicher Hinsicht sei ein Vorteil. Das war ja in der Vergangenheit auch eher der Fall. Heute jedenfalls ist Flexibilität hingegen eine Voraussetzung dafür, um Karriere zu machen. Das Zeitalter der Globalisierung und grenzenloser Kommunikations- sowie Informationsmöglichkeiten via Internet, E-Mail und Videokonferenz ist längst Alltag. Nicht nur aus Kreisen der Industrie kommen immer wieder Äußerungen, dass an den Berufstätigen des 3. Jahrtausends ganz andere Anforderungen gestellt werden als zuvor: Diese neue Zeit braucht Menschen, die sich jederzeit umstellen können und extrem vielseitig sind. Genau das sind die typischen Zwillinge! Sie sind zumindest in unserer heutigen Epoche und erst recht in der Zukunft gut beraten, wenn sie die unterschiedlichsten Dinge lernen und ausprobieren. Ihre Vielseitigkeit ist ihr größtes Kapital.

Zurück zu Thomas. Nachdem er das Psychologiestudium abgeschlossen hatte, machte er zuerst einmal gar nichts in Richtung Beruf und Karriere. Er jobbte, reiste ein bisschen durch die Welt und schob die Entscheidung, was er nun schließlich tun sollte, vor sich her. Auch das ist typisch. Zwillinge sind wie Kinder, die sich in einem riesigen Spielzeugladen nur *ein* Teil aussuchen dürfen. Wie soll das gehen, wo ihnen doch alles gefällt und sie alles bedienen können? Man kann Zwillinge mit einem Computer vergleichen. In ihm stecken unzählige Möglichkeiten. Er braucht nur die entsprechende Software, ein Programm, und genau wie die Zwillinge schreibt, liest, malt, sortiert, katalogisiert, ordnet, tauscht er aus, er vergleicht, kommuniziert und, und, und … Ich denke manchmal, dass der Computer eine Erfindung dieses Tierkreiszeichens ist und wir in einer Zwillingeära leben.

Thomas arbeitete zunächst in einer Klinik für Drogenabhängige. Nach einem Jahr kam es dort aber zu großen Spannungen mit dem Leiter der Einrichtung. Dies war allerdings nur der äußere Anlass für die Beendigung des Arbeitsverhältnisses, es hätte auch etwas ganz anderes sein können. Man könnte sagen, es war wieder mal Zeit für Thomas' »Reise in die Unterwelt«.

Er kündigte seine Stelle und begann dann mit viel frischem Schwung im Buchladen seines Freundes. Nach zwei Jahren beherrschte er das dazu nötige Fachwissen aus dem Effeff. In der Zwischenzeit hatte er allerdings auch wieder begonnen, Musik zu machen. Thomas war nämlich in seiner Jugend ein begeisterter Pianist und Sänger gewesen. Jetzt, mit 34, begann er wieder zu spielen und zu komponieren. Er bewarb sich beim Rundfunk und bekam die Stelle eines Musikjournalisten. Nebenbei macht Thomas seine eigene Musik. Er hat mittlerweile mehrere Alben komponiert.

Entertainment ist aller Zwillingegeborenen Lieblingsbeschäftigung. Einerlei, ob sie es beruflich ausüben (denken Sie etwa an die Zwillinge-Altvorderen Peter Frankenfeld, Harald Juhnke, Charles Aznavour, Karl Valentin und Bob Hope) oder als Hobby: Keiner kann so gut unterhalten wie die Zwillinge. Kein anderer versteht es so gut wie sie, Menschen zu begeistern, zu verzaubern.

Die Doppelnatur von Zwillingen macht sich auch darin bemerkbar, dass sie häufig einen Haupt- und einen Nebenberuf ausüben. E. W. ist offiziell Buchhalter und verdient am Wochenende als Barmusiker beinah noch mal das gleiche Geld. H. D. ist Lehrer und sammelt Briefmarken, aber absolut gewinnorientiert. Das heißt, dass er Sammlungen auf- und wieder verkauft. Einmal hat er in einem günstig erstandenen Nachlass eine Rarität gefunden, die ihm damals fast 100 000 DM einbrachte. U. K. ist Sekretärin und Fremdenführerin, und auch sie verdient zuweilen in ihrer Nebentätigkeit mehr als in ihrem offiziellen Beruf. Weiterhin kenne ich Zwillinge, die nebenberuflich an der Volkshochschule, in Sportvereinen, Ferienclubs, Diskotheken, Chören, Orchestern, Theatergruppen arbeiten und zumindest teilweise ein erkleckliches Sümmchen einstrichen.

Zwillinge brauchen die Nähe und den Bezug zu anderen Menschen, sie wollen reden, sich austauschen, begegnen, sie brauchen Abwechslung und die Möglichkeit, in viele verschiedene Rollen zu schlüpfen. Eine Arbeit, bei der am Morgen niemand weiß, was der Tag bringen wird – einschließlich der Chancen zu plötzlichem Aufstieg und der Risiken des abrupten Falls –, ist geradezu eine Labsal für ihr Herz und einer sicheren, aber todlangweiligen Laufbahn vorzuziehen. Daher ist es für Zwillinge, wie ich schon erwähnte, auch eher der Normalfall, dass sie ihre Stelle und oft genug sogar den Beruf mehrmals wechseln.

Kommunikation ist alles

Im weiten Feld der Unterhaltungsindustrie (Theater, Film, Zeitung, TV) findet die Vielseitigkeit der Zwillinge am ehesten ein adäquates Betätigungsfeld. Nach meiner Erfahrung wimmelt es in dem Bereich von Zwillingen. Mit Journalistik verwandt ist in diesem Sinne alles, was mit der Herstellung und dem Vertrieb von Büchern zu tun hat (Autoren, Lektoren, Agenturen, Verleger, Buchhändler, Bibliothekare). Ein Buchhändler muss Tausende von Büchern kennen und zudem noch auf Kunden eingehen. Wer kann das besser als Zwillinge? Neben dem bereits erwähnten Thomas kenne ich noch mehrere Vertreter dieses Sternzeichens, die Buchhändler, Lektor oder Verleger sind. Am liebsten schreiben sie aber selbst. Entsprechend groß ist auch die Zahl der Zwillingegeborenen, die dadurch Weltruhm erlangt haben. Hier wenigstens ein paar Namen: Ian Fleming, der zahlreiche Romane um den Superagenten James Bond schuf, Thomas Mann, der schon in jungen Jahren Weltliteratur verfasste, die Schriftstellerin Françoise Sagan *(Bonjour tristesse)* und der durch seine *Göttliche Komödie* unsterblich gewordene Dante Alighieri.

Dass Zwillinge aufgrund ihrer Vielseitigkeit, ihres sprachlichen Geschicks, ihrer raschen Auffassungsgabe und ihres Kommunikationstalents die besten Sekretäre und Sekretärinnen abgeben, versteht sich fast von selbst. Ihr Kopf gleicht einer Bibliothek, einem Lexikon, einer Rechenmaschine. Mehr als andere können sie Wissen und Fakten aufnehmen, verarbeiten, vergleichen, analysieren, erkennen, ausscheiden, zusammenzählen und wiedergeben. Daher finden sich in der Verwaltung, Registratur, Wissenschaft und Forschung immer auch zahlreiche Zwillinge.

Es besteht darüber hinaus ein Hang zum Beruf des Steuerberaters und des Anwalts, der mit allen Tricks und Finessen sämtliche Möglichkeiten des bestehenden Rechts auszuschöpfen versucht. Unbedingt zu erwähnen ist auch ihr geniales Verkaufstalent: Typische Zwillinge haben keine Kontaktscheu oder Berührungsängste – sie können auf wildfremde Menschen zugehen, als wären sie schon seit eh und je ihre allerbesten Freunde.

Es wurde bereits erwähnt, dass ihr herrschender Planet Merkur ist und der mit diesem Gestirn korrespondierende Gott selbst ein wahres Kommunikationsgenie war. Ich möchte jetzt noch auf ein weiteres Talent von Merkur eingehen. Sein Beiname war »der Beflügelte« oder »der Götterbote«. Das heißt, dass er als Mittler zwischen den unsterblichen Göttern des Olymps und den sterblichen Menschen fungierte. Zum einen ist das eine Erklärung dafür, warum Zwillinge gern einen Beruf ausüben, bei dem es ums Überbringen von Botschaften geht. Sie arbeiten bei der Post oder der Bahn, sprechen Durchsagen, geben Auskunft, überbringen Briefe. Zum anderen sind Zwillinge tatsächlich Grenzgänger zwischen »oben und unten«, zwischen »Himmel und Erde«. Sie sind beseelt von einer höheren Führung und Fügung, der sie wie Kinder ergeben sind, und erinnern manchmal an einen Lichtstrahl göttlicher Heiterkeit: leicht, luftig, unbeschwert.

Das Arbeitsumfeld und die Berufe

Wo arbeiten Zwillinge am liebsten?

Zwillinge betätigen sich mit Vorliebe in einem Umfeld, in dem Informationen gesammelt, verarbeitet und weitergegeben werden, in dem organisiert und delegiert wird. Sie mögen Arbeiten an öffentlichen Plätzen wie im Kino, Theater, Café, Park oder in einer Bar. Wo gelesen, gedruckt und geschrieben wird, wo Sprachen wichtig sind, Produkte und Ideen entwickelt und vermarktet werden, wo organisiert, verwaltet, geordnet, vervielfältigt, analysiert und geforscht wird, da fühlen sich die typischen Vertreter dieses Tierkreiszeichens zu Hause. Ebenso, wo es um Kommunikation, Verkauf, Unterhaltung und Reisen, wo es um Erfindungen, Technik, Modernisierung, Vernetzung, Informatik und den Zeitgeist geht.

Berufe der Zwillinge

A/B (Angestellter/Beamter) Auswärtiger Dienst, A/B Bundesanstalt für Flugsicherung, A/B Deutsches Patentamt, A/B Kommunalverwaltung, Antiquitätenhändler, Anwendungsprogrammierer, Apotheker, Astronom, Astrophysiker, Atem- und Stimmlehrer, Außenhandels-, Bankkaufmann, Berufe in Umweltorganisationen, Berufsschullehrer, Bibliothekar, Bilanzbuchhalter, Bildingenieur, Bodenpersonal bei Fluggesellschaften, Buchhändler, Bürogehilfe, Bürokaufmann, Chemotechniker, Computer-Layouter, Cutter, Datenbankspezialist, Datenverarbeitungskaufmann, Dipl.-Ing.

Fachrichtung Chemie, Dipl.-Ing. Verfahrenstechnik, Dipl.-Ing. Vermessungswesen, Diplompsychologe, -handelslehrer, -informatiker, -ingenieur, -kaufmann, -pädagoge, -volkswirt, Dolmetscher, Dorfhelfer, Einzelhandelskaufmann, Ethnologe, Fachlehrer, Fachwirt für Tagungs-, Kongress- und Messewirtschaft, Fahrlehrer, Flugbegleiter, Germanist, Gewerbe-, Grund- und Hauptschul-, Hochschullehrer, Informatiker, Informationsbroker, -grafiker, Journalist, Kommunikationstechniker, Kultur- und Medienmanager, Lektor, Maskenbildner, MAZ-Techniker, Medieninformatiker, Multimediaproducer, Netzwerkspezialist, Ökomanager, pädagogischer Assistent, Philologe, Philosoph, Politiker, Politologe, Privatdozent, Psychotherapeut, Realschullehrer, Redakteur, Reiseverkehrskaufmann, Religionswissenschaftler, Reporter, Schauspieler, Schriftsteller, Sekretär, Seminarleiter, Sonderschullehrer, Sozial-, Sprachwissenschaftler, staatlich geprüfter Betriebswirt, Steuerberater, -bevollmächtigter, Steward, Tanzlehrer, Teletutor, Theaterwissenschaftler, Tourismusmanager, Übersetzer, Umweltberater, Verfahrenstechniker, Verlagskaufmann, Verleger, Versicherungs-, Werbekaufmann, Zukunftsforscher.

Test: Wie »zwillingehaft« sind Sie eigentlich?

In diesem Test kann man erfahren, wie zwillingehaft man als Zwillingegeborener ist. Man gehe dabei folgendermaßen vor: Möchte man eine Frage mit einem Ja beantworten, soll man jeweils die Zahl ankreuzen. Wenn man also gern Testfahrer wäre, kreuzt man die Zahl 1 an (ein Nein wird nicht notiert).

	+		–
Wären Sie gern Testfahrer?		1	
Sind Sie ein Mensch, der gern Geld zurücklegt?		2	
Haben Sie gern mit Kunst zu tun?		3	
Sind Sie gern unter Menschen?		4	
Würden Sie gern Politik machen?		5	
Sagen Sie anderen gern, was sie tun sollen?		6	
Würden Sie gern allein in einer Wetterstation arbeiten?		7	
Lesen Sie viel und gern?		8	
Möchten Sie gern schwerkranke Menschen betreuen?		9	
Ist es egal, was Sie arbeiten, Hauptsache, das Geld stimmt?		10	
Ordnen Sie sich leicht unter?		11	
Können Sie gut warten?		12	
Ist Ihnen Harmonie wichtig?		13	
Möchten Sie auf dem Land leben und arbeiten?		14	
Stehen Sie gern in der Öffentlichkeit?		15	
Möchten Sie Falschparkern einen Strafzettel geben?		16	

	+	−
Möchten Sie an einer Diät als Testperson mitmachen?	17	
Möchten Sie Gehälter abrechnen?	18	
Unterhalten Sie andere Leute gern?	19	
Arbeiten Sie gern im Team?	20	
Könnten Sie von der Hand in den Mund leben?	21	
Interessieren Sie sich für Mode?	22	
Mögen Sie das Risiko?	23	
Führen Sie gern technische Berechnungen durch?	24	
Wären Sie gern ein Entdeckungsreisender?	25	
Mögen Sie Veränderungen?	26	
Möchten Sie auf einer Bühne stehen?	27	
Können Sie gut allein leben?	28	
Können Sie leicht auf die Tageszeitung verzichten?	29	
Möchten Sie gern Kinder betreuen?	30	
Halten Sie Gefühle für wichtiger als den Verstand?	31	
Können Sie leicht aus sich herausgehen?	32	
Liegt Ihnen das Wohlergehen anderer am Herzen?	33	
Sind Sie gern Gastgeber?	34	
Betreuen Sie gern Kranke?	35	
Sind Sie gern Lehrer?	36	
Sind Sie ein beständiger Mensch?	37	
Gehen Sie gern und häufig aus?	38	
Möchten Sie Menschen beraten?	39	
Möchten Sie Schaufenster dekorieren?	40	

	+	–
Möchten Sie gefährliche Chemikalien transportieren?	41	
Würden Sie gern an einem Bankschalter stehen?	42	
Treiben Sie gern Sport?	43	
Würden Sie gern als Discjockey arbeiten?	44	
Würden Sie gern Astronaut sein?	45	
Können Sie sich vorstellen, im Ausland zu arbeiten?	46	
Möchten Sie gern Reporter sein?	47	
Übernehmen Sie gern Verantwortung?	48	
Würden Sie gern Fotomodell sein?	49	
Können Sie leicht bei einer Sache bleiben?	50	
Summe	——	——

Auswertung

Schreiben Sie immer dann ein Plus (+) links neben die Zahl, wenn Sie die Nummern 4, 8, 15, 19, 21, 26, 27, 36, 38, 39, 44, 47, 49 angekreuzt haben (maximal dreizehnmal ein Plus).

Tragen Sie immer ein Minus (–) neben der Zahl ein, wenn Sie die Nummern 7, 9, 12, 14, 16, 17, 28, 29, 31, 37, 50 angekreuzt haben (maximal elfmal ein Minus).

Ziehen Sie die Anzahl der Minus- von der Anzahl der Pluszeichen ab. Die Differenz ist Ihr Testergebnis.

Interpretation

Ihr Testergebnis beträgt 5 oder mehr Punkte: Sie sind eine hundertprozentige Zwillingepersönlichkeit. Alles, was in diesem Buch über die Natur Ihres Tierkreiszeichens geschrieben steht, trifft in besonderem Maße auf Sie zu. Sie sind unbeschwert, lebhaft, gehen mit Vorliebe aus, treffen gern Leute, unterhalten sich und sind allem Neuen gegenüber aufgeschlossen. Sie gelten als ein fröhlicher Mensch, obwohl Sie auch eine andere Seite in sich tragen, die ganz anders ist, nämlich nachdenklich, sorgenvoll, kritisch und sehr skeptisch, auch sich selbst gegenüber. Dem Leben begegnen Sie möglichst neutral und fast immer neugierig. Sie sind – im positiven Sinne – fast wie ein Kind, und Sie bilden sich Ihre Meinungen vor Ort, haben also nicht schon Ihr *Vor*urteil. Sie sind ein ausgesprochener Verstandesmensch. Gefühlen gegenüber sind Sie eher misstrauisch.

Ihr Testergebnis liegt zwischen 2 und 4 Punkten: Bei Ihnen ist das Zwillingenaturell gedämpft. Wahrscheinlich haben Sie einen Aszendenten, der die Qualität Ihrer Zwillingepersönlichkeit in einer anderen Richtung beeinflusst. Oder Ihr Mond hat diese Wirkung. Für Sie ist es daher interessant, die Stellung Ihres Mondes und Ihren Aszendenten im zweiten Teil dieses Buches kennenzulernen. Es kann aber auch sein, dass Sie durch frühere Erfahrungen dazu veranlasst wurden, Ihr Zwillingenaturell abzulehnen. Dann ist es besonders wichtig, dass Sie sich damit wieder anfreunden und es mehr zulassen.

Ihr Testergebnis beträgt weniger als 2 Punkte: Sie sind eine untypische Zwillingepersönlichkeit. Wahrscheinlich haben Sie einen Aszendenten, der sich völlig anders als das Zwillingeprinzip deuten lässt, oder Ihr Mond steht in einem solchen Zeichen. Es wird sehr spannend für Sie sein, dies im zweiten Teil des Buches herauszufinden. Sie haben es aber im Laufe Ihres Lebens womöglich auch für nötig befunden, Ihre Zwillingeseite abzulehnen und zu verdrängen. Es ist daher Ihre Aufgabe, sich mit diesem Teil Ihrer Persönlichkeit wieder anzufreunden: Sie sind zum großen Teil ein »Geschöpf der Luft« mit einem Naturell, das dafür geschaffen ist, Menschen zu begegnen, sie zusammenzubringen, sie zu unterhalten und ihnen die fröhliche Seite des Lebens zu zeigen.

Teil II
Die ganz persönlichen Eigenschaften

Der Aszendent und die Stellung von Mond, Venus & Co.

Vorbemerkung

In Teil I wurde erläutert, wie man zum »Sternzeichen« Zwillinge kommt, nämlich dadurch, dass die Sonne zum Zeitpunkt der Geburt in diesem Abschnitt des Tierkreises stand. Nun gibt es in unserem Sonnensystem bekanntlich noch andere Himmelskörper, von denen der Erdtrabant Mond und die Planeten für die Astrologie bedeutsam sind. Sie alle haben ebenfalls entsprechend ihrer Stellung bei einer Geburt eine spezifische Aussagekraft. Obendrein spielen auch noch der Aszendent, die astrologischen Häuser und weitere Faktoren eine Rolle. Alles zusammen ergibt ein Horoskop. Dieses Wort hat seine Wurzeln im Griechischen und heißt so viel wie »Stundenschau«, weil ein Horoskop auf die Geburtsstunde (eigentlich Geburtsminute) genau erstellt wird. Es ist also eine – in Zeichen und Symbole übersetzte – Aufnahme der astrologischen Gestirnskonstellationen zum Zeitpunkt einer Geburt. Es spiegelt die vollständige Persönlichkeit eines Menschen wider.

Im Folgenden werden die neben der Sonne wichtigsten Größen eines Horoskops gedeutet: Aszendent, Mond, Merkur, Venus, Mars, Jupiter und Saturn. Sie können mit Hilfe des Geburtstags und der Geburtszeit ihre Position im Tierkreis ermitteln und dann die jeweilige Bedeutung kennenlernen. Die Interpretation dieser Horoskopfaktoren ist manchmal vom Sonnenzeichen des oder der Betreffenden abhängig, im Großen und Ganzen jedoch nicht. Entsprechend findet man in den verschiedenen Bänden dieser Buchreihe in der jeweiligen Beschreibung die gleichen oder ähnliche Aussagen.

Auf der anderen Seite ist es wichtig, zu verstehen, dass die Interpretation einer einzelnen Größe wie zum Beispiel Aszendent, Mond oder Sonne immer nur einen bestimmten Aspekt wiedergibt, der eventuell widersprüchlich zu dem sein kann, was über einen anderen Faktor gesagt ist. Die Kunst der Astrologie beruht aber gerade darauf, Verschiedenes, eventuell sogar sich Widersprechendes miteinander zu verbinden bzw. gemäß der eigenen Intuition und Erfahrung zu gewichten.

Wie erfährt man nun, in welchem Tierkreiszeichen die weiteren Horoskopfaktoren stehen? Astrologen mussten früher tatsächlich den Himmel studieren, um herauszufinden, welche Position die wichtigen Gestirne einnahmen. Aber wie gesagt erstellten findige Köpfe schon bald Tabellen, sogenannte Ephemeriden, denen man den Lauf der Planeten entnehmen konnte. Seit der Erfindung und Verbreitung der Computertechnologie kann man nun auch auf diese Ephemeridenbücher verzichten. Man ersteht ein Astrologieprogramm, gibt Geburtstag, -zeit und -ort ein, und auf einen Klick erscheinen alle Angaben, die man braucht. Heute ist infolge der großen Verbreitung des Internets auch das eigene Astrologieprogramm überflüssig geworden. Im World Wide Web existieren Plattformen, auf denen sich ebenfalls ganz einfach die Planetenpositionen errechnen und darstellen lassen. Man kann zum Beispiel über die Homepage des Autors sämtliche Angaben über die exakte Position von Sonne, Mond, Aszendent und den weiteren Gestirnen in einem Horoskop kostenlos herunterladen. Die Adresse: www.bauer-astro.de.

Die Grafik auf Seite 92 zeigt das Horoskop eines bekannten Zwillingegeborenen, nämlich des Sängers und Songschreibers Bob Dylan. Er wurde am 24. Mai 1941 um 21.05 Uhr in Duluth, Minnesota (USA), geboren. Das Horoskop hält seinen Geburtsmoment grafisch fest. Die Sonne ☉ stand im Zeichen Zwillinge ♊ auf der rechten Seite des Horoskops. Aber die Sonne ist nur eine Größe seines Horoskops. Man erkennt links den Aszendenten *AC*, der im Schützezeichen ♐ liegt. Der Mond ☽, rechts unterhalb der Sonne, befand sich bei der Geburt von Dylan im Zeichen Stier ♉. Außerdem sind noch viele weitere Gestirne und wichtige Punkte im Horoskop enthalten. Ein ausführliches Horoskop berücksichtigt die Position aller Gestirne und des Aszendenten und kommt erst dann zu einer umfassenden und gründlichen Persönlichkeitsdiagnose.

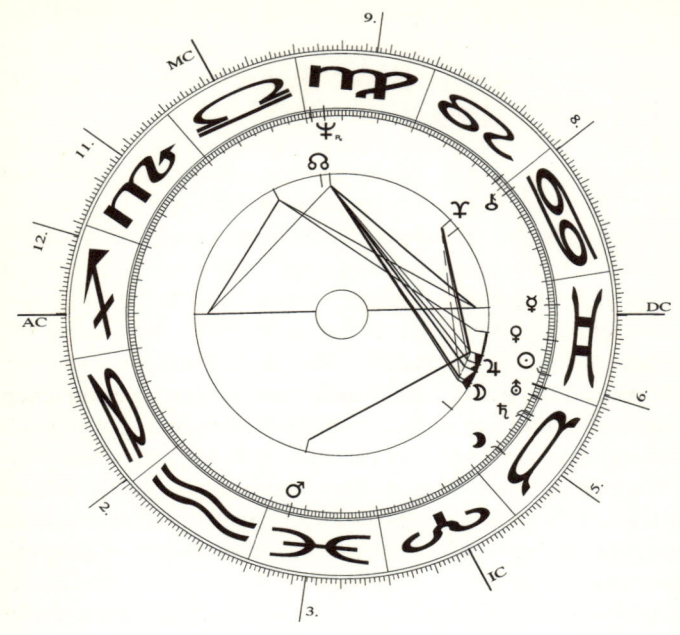

Der Aszendent – Die individuelle Note

Die Bedeutung des Aszendenten

Wir sprechen in diesem Buch vom Sonnenzeichen Zwillinge, dies ist aber wie gesagt nur *ein* Aspekt einer Persönlichkeit. Die Astrologie kennt noch viele andere, wovon der Aszendent der wichtigste ist. Für die Bestimmung des Aszendenten muss man allerdings die genaue Geburtszeit kennen. Sie ist erfahrbar, weil sie auf dem Standesamt des Geburtsorts festgehalten wird. Wenn Sie also nicht die Zeit kennen, zu der Sie das Licht der Welt erblickt haben, können Sie dort anfragen und um Auskunft bitten.

Als ich vor über dreißig Jahren damit begann, Horoskope zu erstellen, war ich zunächst sehr erstaunt darüber, dass die Geburtszeit neben dem Geburtstag in den Büchern der Standesämter festgehalten wird. Der Geburtstag dient dem Staat neben anderen Angaben zur eindeutigen Identifizierung einer Person. Aber welchen Zweck erfüllt die Geburtszeit für die Bürokratie? Für mich liegt darin auch heute noch kein größerer Nutzen als dieser: Durch die schriftliche Fixierung der Geburtszeit liefern die Behörden der Astrologie die wichtigste Berechnungsgrundlage und ermöglichen so jedem Menschen einen Blick auf den ganz persönlichen, einzigartigen Anfang seines Lebens.

Der Aszendent symbolisiert die individuelle Note. Das Sonnen- oder Tierkreiszeichen Zwillinge hat man ja gemeinsam mit allen Menschen, die zwischen dem 21. Mai und 21. Juni geboren sind. Der Aszendent jedoch ergibt sich aus der ganz persönlichen Geburtszeit. Aber was bedeutet nun der Aszendent? Bekanntlich dreht sich die Erde in circa 24 Stunden um ihre eigene Achse. Von der Erde aus gesehen, beschreibt die Sonne dabei aber einen Kreis um unseren Planeten. Dieser Kreis wird – ebenso wie beim scheinbaren Kreislauf der Sonne um die Erde innerhalb eines Jahres – in zwölf Abschnitte unterteilt: die zwölf Zeichen des Tierkreises. Entsprechend steigt am östlichen Horizont etwa alle zwei Stunden ein neues Tierkreiszeichen auf. Dasjenige, das zum Zeitpunkt einer Geburt (oder eines anderen wichtigen Ereignisses) gerade dort aufging, nennt man »Aszendent« (dieser Begriff ist abgeleitet vom lateinischen Verb *ascendere* = »aufsteigen«).

Die Deutung des Aszendenten ist auch dementsprechend: Zunächst einmal wollen die Anlagen (repräsentiert durch den Aszendenten) das Gleiche wie das Tierkreiszeichen am Himmel, nämlich »aufgehen«. Wenn jemand zum Beispiel Aszendent Widder »ist«, strebt die durch dieses Zeichen symbolisierte Kraft danach, im Leben des Menschen mit Aszendent Widder aufzugehen. Es versuchen sich also Widderkräfte zu verwirklichen. Allerdings sind mit einem bestimmten Aszendenten zwar bestimmte Muster und Energien vorgegeben. Aber es bleibt immer eine Freiheit in der Gestaltung. Je mehr es einem gelingt, sich vom Allgemeinen abzuheben, umso individueller und einmaliger wird man sein und umso eher erfüllt man seine eigentliche Bestimmung, nämlich ein einmaliger und unverwechselbarer Mensch zu sein.

Ergänzen sich Aszendent und Tierkreiszeichen, dann fällt dies leicht. Zuweilen sind sie aber völlig entgegengesetzt. Entsprechend fällt es einem schwerer, seinen Aszendenten neben seinem Sternzeichen in sein Leben zu integrieren. Der Aszendent dient also einerseits dazu, uns eine individuelle und besondere Note zu verleihen. Darüber hinaus begleitet den Aszendenten ein Sehnen, sich in eine kosmische oder spirituelle Kraft zu verwandeln, »in den Himmel zu steigen«, wie ja auch das tatsächliche Aszendentenzeichen sich im Osten von der Erde erhebt und gen Himmel strebt.

Auf den folgenden Seiten finden sich die zentralen oder wichtigsten Eigenschaften der zwölf möglichen Aszendenten von Zwillingegeborenen.

Die exakte Aszendentenposition lässt sich wie gesagt über die Homepage des Autors herunterladen (www.bauer-astro.de).

Die Zwillinge und ihre Aszendenten

Aszendent Widder – Ein Krieger werden

Aszendentenstärken Direkt, spontan, dynamisch, durchsetzungsstark

Aszendentenschwächen Ungeduldig, launisch

Mit dem Aszendenten Widder kommt man auf die Welt, um ein Krieger zu werden. Dieses Wort bedarf einer besonderen Erklärung. Denn mit einem Krieger verbindet man gewöhnlich schreckliche Geschehnisse, schwerbewaffnete Männer (und Frauen), die – meist einem Befehl folgend – töten, foltern, vergewaltigen, enteignen, vertreiben, zerstören, vernichten. Das mögen durchaus auch unerlöste Anteile dieser Aszendentenenergie sein, sie haben aber mit einem bewussten und wissenden Umgang damit nichts zu tun. Der »Krieger« in unserem Sinne steht vielmehr für das Leben. Er verkörpert Initiative, Kraft, Lebendigkeit. Nichts, aber auch gar nichts verbindet ihn mit Zerstörung, Verletzung oder gar Tod. Im Gegenteil. Die höchste Vollendung als Krieger besteht darin, dass er alles aus dem Bewusstsein heraus tut, beim Punkt null zu beginnen. Nichts war schon einmal. Alles ist neu. Der Atem. Das Öffnen der Augen. Das Gehen. Menschen mit dem Aszendenten Widder werden ihr ganzes Leben lang immer wieder neu geboren. Alles, was ihnen widerfährt, zählt als Herausforderung.

Diese Menschen lernen aus Problemen, Schwierigkeiten und Behinderungen, so dass sie in Zukunft gewappnet sind. Auch die Angst werden sie mit der Zeit kennenlernen und wie ein Krieger an ihr wachsen. Angst gleicht einem Heer unsichtbarer Gegner. Man spürt nur, dass man bedrängt wird, eingeengt ist, nicht weiterkann. Aber hat man nicht schon bei seiner Geburt die Erfahrung gemacht, dass es immer weitergeht? Man darf nicht stehen bleiben. Wenn man nicht aufgibt, wird man immer stärker im Leben. Vielleicht muss man zuweilen nachgeben, sich aber sein Ziel immer vor Augen halten. Umwege sind denkbar und Pausen, doch den eigentlichen Weg wird man nie aus den Augen verlieren.

Mit diesem Aszendenten ist eine jugendliche Gestalt verbunden, und zudem sind so manche »wilden« Unternehmungen älterer Menschen oft nicht mehr möglich. Trotzdem sollten sie ihren Körper sorgfältig pflegen und im Rahmen des Möglichen ertüchtigen. Regelmäßige Gymnastik und eine gesunde Ernährung sind einfach unerlässlich. Noch wichtiger aber ist die geistige Beweglichkeit. Aszendent-Widder-Menschen haben in der Regel das Glück, im Alter fit im Kopf zu bleiben. Aber sie müssen ihren Geist auch immer wieder trainieren. Außerdem können sie den geistigen Alterungsprozess durch Nahrungsergänzungen (Ginkgo zum Beispiel) hinausschieben. Es geht im Alter auch darum, mehr und mehr für Inspirationen empfänglich zu werden. Sich ihnen zu öffnen bedeutet, an der Welt der Ideale, dem Sein, unmittelbar teilzuhaben.

Wenn der Tod irgendwann kommt, werden sie auch diesem Faktum als Krieger begegnen: Sie haben ihren letzten großen Kampf vor sich und stellen sich ihm – mutig, entschlossen, bereit.

Aszendenten-Check

Wie ergänzen sich Sonne und Aszendent? Das Sonnenzeichen Zwillinge und das Aszendentenzeichen Widder ergänzen sich großartig. Sie machen verbal sehr stark und verleihen eine herrliche und unkomplizierte »Hoppla, jetzt komm ich«-Mentalität, mit der man privat wie beruflich weit kommen wird. Zu bedenken ist allerdings, dass man unbedingt Möglichkeiten braucht, sich frei entwickeln und entfalten zu können.

Aszendent Stier – Ein Alchemist werden

Aszendentenstärken Solide, sachlich, praktisch, sinnlich, kreativ, schöpferisch

Aszendentenschwächen Stur, inflexibel

Die Bezeichnung »Alchemist« in diesem Zusammenhang stammt von einem Koch mit dem Aszendenten im Zeichen Stier, der – erst 22 Jahre alt – bereits Chef über fünf weitere Köche war und mir in einer Astrologiesitzung sagte: »Ich bin eigentlich ein Alchemist. Ich mache aus einfachen Zutaten (Zucker, Mehl, Eiern, Orangensaft …) ein Gericht, an dem sogar die Götter ihre Freude hätten.«

Natürlich lassen sich nicht nur einfache Lebensmittel in »Götterspeisen« transformieren. Genauso klappt es mit Häusern (Architekt), Wohnungseinrichtungen (Innenarchitekt), Pflanzen (Gärtner) und tausend anderen Aufgabenfeldern. Ich frage mich manchmal, ob die Fähigkeit mancher Menschen, ihr Geld mit Hilfe von Spekulation zu vermehren, nicht auch eine moderne Form der Alchemie darstellt. Ob vielleicht Börsianer wie die Alchemisten im Mittelalter Beschwörungsformeln aussprechen, damit ihre Aktien steigen?

Alles lässt sich im Sinne der Alchemie in einen höheren Zustand transformieren. Es ist eine Frage des Bewusstseins. Wenn man sich einmal darüber klar ist, dass man diese Gabe besitzt, geht man anders durchs Leben, nämlich in der Absicht, zu verschönern, alles sinnlicher, angenehmer, vollendeter werden zu lassen. Dann blühen plötzlich Rosen in prächtigeren Farben, der Himmel bekommt ein tieferes Blau, und das Glas Wasser, das man gerade trinkt, schmeckt wie ein nie gekosteter Hochgenuss: Die eigenen Sinne zu verfeinern ist der erste Schritt eines Alchemisten – das Sehen, Hören, Riechen, Schmecken, Tasten. Dann folgt der zweite: die Welt draußen formen, sein Outfit, die Wohnung, das Büro. Am Anfang braucht ein Alchemist noch Zeiten des Rückzugs, um sich zu sammeln und seine eigene Sinnlichkeit abseits allen Treibens zu trainieren. Aber mit der Zeit wird die ganze Welt sein Experimentierraum, und sein »Unterricht« dauert 24 Stunden. Selbst seine Träume beginnen sich zu gestalten, bekommen intensivere Farben und erzählen von fernen Welten – dem Garten Eden oder dem Schlaraffenland.

Der große Erleuchtete Buddha war sowohl von der Sonne als auch vom Aszendenten her ein Stier. Es heißt, dass dort, wo er ging, die Vögel noch lieblicher sangen und die Blüten der Bäume noch intensiver dufteten. Auch Orpheus, einem anderen erleuchteten Wesen, kann man ruhig einen Stieraszendenten »andichten«, obwohl natürlich keine offiziellen Angaben über seine Geburt existieren. Dem Mythos zufolge sang er so vollendet, dass alles um ihn herum verstummte: die Vögel und die Insekten, sogar die Wellen des Meeres und der Wind. Wie ein Buddha, wie Orpheus, so sollen Menschen mit dem Aszendenten Stier durchs Leben gehen.

Im Alter schwindet so manche der Sinnesfreuden: Essen und Trinken haben meist nur noch nährende Funktion, der reine Sex reduziert sich auf ein bescheideneres Maß. Ausgleichend und die Sinne verfeinernd wirkt zum Beispiel die Beschäftigung mit Kunst, egal, ob man sich ihr nur betrachtend oder durch eigenes künstlerisches Tun widmet. Menschen mit dem Aszendenten im Zeichen

Stier können jeden Ort, an dem sie leben, zum Garten Eden werden lassen.

Auch dem Tod begegnet ein Alchemist mit dem Mut, ihn zu erhöhen. Er stirbt nicht in Umnachtung, bewusstlos, verkrampft. Er nimmt die letzte große Aufgabe dieses Lebens an und schreitet anmutig hinüber in ein anderes.

Aszendenten-Check

Wie ergänzen sich Sonne und Aszendent? Das Sonnenzeichen Zwillinge und das Aszendentenzeichen Stier sind gegensätzlicher Natur. Sie führen gegenüber Ideen zu einer grundsätzlich skeptischen Haltung und veranlassen einen, alles, was nicht hieb- und stichfest ist, zunächst abzulehnen. Mit dieser Kombination muss man lernen, seinen eigenen Ideen mehr zu vertrauen und Anregungen und Kritik von anderen anzunehmen. Dann befähigt einen die Synthese aus Stier und Zwillinge zu großartigen Leistungen.

Aszendent Zwillinge – Ein Kundschafter werden

Aszendentenstärken Gewandt, beredt, vielfältig, kommunikativ, verbindend

Aszendentenschwächen Zerstreut, unsicher

Wer unter dem Aszendenten Zwillinge auf die Welt kommt, ist immer irgendwie unterwegs – in Wirklichkeit oder in Gedanken. Er nimmt von hier etwas mit, trägt es nach dort, tauscht es mit etwas anderem aus und trägt das dann wieder mit sich fort. Dieser Aszendent macht zu einem Kundschafter, zu einem, der erforscht, entdeckt, ausspioniert, analysiert – und der sein Wissen dann weitergibt. Die Betroffenen behalten es nicht für sich, wenigstens nicht dauerhaft wie jemand mit dem Aszendenten Stier, der das, was er hat, behält und vermehrt. Die Bestimmung der Menschen mit Zwillingeaszendent lautet anders: Sie sind der Welt immer nur eine Zeitlang teilhaftig, verbinden sich, behalten, lassen wieder los.

Ein Kundschafter ist wissbegierig. Wo immer er sich aufhält, was immer er tut, er nimmt es mit all seinen Sinnen auf. Dennoch bleibt er in seinem Inneren neutral, er hält Distanz, er lässt sich nicht vereinnahmen. Er geht durchaus eine Beziehung ein. Er ist, was er tut, und ist es auch wieder nicht. Ein »Macher« und »Beobachter« zugleich. Insofern wird er auch immer irgendwie gespalten sein, doppelt – ein Zwillingswesen eben.

Menschen mit Zwillingeaszendent treten nicht als Krieger und Eroberer und auch nicht als Verteidiger und Beschützer auf. Sie sind neutral und friedlich. Ein Kundschafter sein bedeutet, die Kunst der Neutralität bei jeder Gelegenheit zu trainieren. Das heißt nicht, dass man keine Emotionen mehr haben soll. Aber man lernt zunehmend, sich von außen zu betrachten, sich selbst zu beobachten. Auf diese Weise identifiziert man sich immer weniger mit seinen oder den Gefühlen seiner Mitmenschen. Das bringt einem dann auch gelegentlich den Vorwurf der Oberflächlichkeit ein. Denn sich in allem wiederzufinden lässt einen an Tiefe verlieren. Damit muss man mit diesem Aszendenten leben. Kunde nehmen, Kunde weitertragen, Kunde bringen: Darin liegt die Bestimmung.

Zwar wird es um Menschen mit einem Zwillingeaszendenten auch im Alter nicht so schnell ruhig, weil sie sich vorausschauend mit genügend Kontakten »eindecken«. Dennoch hinterlassen die Jahre ihre Spuren. Dann kommt es darauf an, ob man weiß oder zumindest ahnt, dass alles, was man in der Außenwelt suchte, eigentlich schon immer in einem selbst war und dass »allein sein« auch »alleins sein« bedeutet. Dann bringt das Alter Schönheit und tiefe Befriedigung.

Aszendenten-Check
Wie ergänzen sich Sonne und Aszendent? Mit diesem Aszendenten ist man ein »doppelter Zwilling«, denn auch die Sonne befindet sich in diesem Zeichen. Nun kommt es allerdings ganz darauf an, ob man vor oder nach Sonnenaufgang geboren wurden. Diese Unterscheidung ist in der Astrologie äußerst wichtig. Man sollte

sich daher ein sogenanntes Radixhoroskop erstellen lassen, denn anhand eines solchen Geburtshoroskops lässt sich diese wichtige Frage entscheiden.

Wurde man vor oder genau bei Sonnenaufgang geboren, steht die Sonne im ersten Haus. Damit ist man ein »Paradezwilling« – vielseitig, unterhaltsam, belesen, gebildet und verständnisvoll. Alles, was über Zwillingegeborene im ersten Teil des Buches geschrieben wurde, trifft in besonderem Maße zu. Was den Beruf anbelangt, sollte man versuchen, unter Menschen und in einem möglichst vielseitigen Aufgabengebiet zu arbeiten. Wurde man hingegen nach Sonnenaufgang geboren, ist man eher ein nachdenklicher, sensibler Mensch, der es nicht leicht hat, seine Zwillingeeigenschaften zu leben. Man ist besonders sensibel und hellhörig, ja, kann zuweilen richtig übersinnlich sein und Dinge erahnen. Auch das Einfühlungsvermögen ist enorm entwickelt. Wichtig ist, ein soziales Verantwortungsgefühl zu kultivieren, denn man hat anderen Menschen – der Gesellschaft gesamt – etwas Wichtiges zu geben.

Aszendent Krebs – Ein Träumer werden

Aszendentenstärken Gefühlvoll, häuslich, sensibel, fürsorglich, mystisch, spirituell
Aszendentenschwächen Launisch, abhängig

Ein besonderes Problem, dem sich Menschen mit Krebsaszendent stellen müssen, beschert ihnen der Helferplanet Mond, der auf die leibliche Mutter verweist. Bildlich gesprochen, hängen sie noch Jahre nach der Geburt oder gar ihr Lebtag lang an der Nabelschnur. Diese Prägung auf die Mutter steht in krassem Widerspruch zu der Botschaft, die einem Aszendenten grundsätzlich innewohnt, nämlich ein eigenständiges Individuum zu sein – frei, unabhängig, einmalig. Aber wie soll ihnen das gelingen, wenn ihre Mutter als Vorbild im Horoskop vorgegeben ist? Eine vertrackte Angelegenheit!

Ich meine, dass sich Menschen mit dem Aszendenten im Zeichen Krebs ein eigenes, unabhängiges Verständnis der Mutterrolle (oder des Mutterbildes) erarbeiten sollten. Sie müssen sich gewissermaßen selbst »abnabeln«. Das wird schwierig und auch sehr schmerzvoll sein. Dabei darf es ihnen nicht darum gehen, besser als ihre Mutter zu werden. Sie müssen eine eigene »Mutter-Krebs-Qualität« entwickeln, schöpferisch sein und über die alten Muster hinaus einen Weg in die Eigenständigkeit finden.

Nur auf diese Weise lässt sich der Widerspruch lösen, der in dieser Konstellation liegt. In einer ewigen Antihaltung hängenzubleiben (bloß keine Mutter sein) oder sich anzumaßen, die eigene Mutter zu überbieten, wie es oft bei Menschen mit einem Krebsaszendenten zu beobachten ist – meist sind es Töchter –, blockiert das Leben. Eine eigenständige Mutter zu sein heißt, auf den Grund des Wassers zu tauchen. Dort finden sie die nötigen Puzzlesteine, um das eigene Bild zu vollenden.

Menschen, die mit dem Krebsaszendenten geboren werden, haben besonders leicht Zugang zu einer Zwischenwelt, einem Bereich zwischen dem sogenannten Realen und dem Spirituellen. Sie tauchen immer wieder in diese Welt ein – ob im Schlaf oder in einem Tagtraum – und tanken Kraft und erhalten Eingebungen. Träume sind eine große Quelle der Wahrheit. Allerdings haben sie viel von ihrer heilenden und heiligen Kraft eingebüßt, seitdem die Wissenschaft sie physiologisch bzw. psychologisch zu erklären sucht. Dass Träume auch eine Verbindung zur göttlichen Welt bedeuten, blieb dabei scheinbar auf der Strecke. Besonders Menschen mit dem Aszendenten im Zeichen Krebs dürfen sich davon nicht beeinflussen lassen. Ein Träumer zu sein bedeutet, die Quelle allen Seins wieder ins Leben zu integrieren. Dann bekommt die reale Welt Spuren der anderen, wird intensiv, lebendig, schöpferisch. Man erlebt sie wie ein Künstler – ein Maler, Musiker, Dichter. Vor allem aber fließt Mitgefühl in das reale Leben ein. Denn in der spirituellen Welt existiert kein Ego, das meint, sich gegen andere Egos behaupten zu müssen. Alles ist mit allem in unendlicher Liebe verbunden. Ein Träumer zu sein bedeutet jedoch keineswegs, mit halbgeschlossenen Augen durch die Weltgeschichte zu wandeln. Im Gegenteil, die Verbindung zur Anderswelt lässt einen das Leben hier bewusster und intensiver wahrnehmen.

Wenn der Mensch mit dem Aszendenten Krebs einmal alt geworden ist und dem Tod begegnet, wird er ohne Zaudern hinübergehen in die Welt, die schon immer seine Heimat war.

Aszendenten-Check
Wie ergänzen sich Sonne und Aszendent? Das Sonnenzeichen Zwillinge und das Aszendentenzeichen Krebs sind konträr. Auf der einen Seite verfügt man über eine besonders starke intellektuelle Veranlagung, auf der anderen über ein intensives Gefühlsleben. Aufgabe in diesem Leben ist es, die beiden Seiten miteinander in harmonischer Weise zu verbinden, das heißt, keine Seite zu negieren, aber auch keine zu stark zu betonen.

Aszendent Löwe – Ein Glücksbringer werden
Aszendentenstärken Selbstbewusst, großzügig, sonnig, herzlich, schöpferisch
Aszendentenschwächen Stolz, träge

Wer unter dem Aszendenten Löwe das Licht der Welt erblickt, macht alle glücklich: Ein Königskind ist geboren, mögen die Verhältnisse unter dem Dach, das seine Wiege beherbergt, auch noch so ärmlich sein. Mit ihm zieht das Glück ein, und das bleibt im Grunde ein Leben lang so, wenn nicht widrige Umstände den natürlichen Charme dieser Menschen brechen. Auch Erwachsene umgibt eine besondere Ausstrahlung, eine »Grandezza«, die signalisiert: »Alle mal hersehen, jetzt komme ich!« Irgendwann hat man auch den entsprechenden Hofstaat (allesamt irgendwie besondere Typen) und in der Regel auch das nötige Kleingeld, um sich ein Dasein in Würde leisten zu können.

Aber es reicht nicht, sich sein Lebtag lang nur im Glanz dieses Sternzeichens zu sonnen. Mit dem Aszendenten ist einem auch der Auftrag in die Wiege gelegt, dem Leben Glanz, Freude und Fröhlichkeit zu verleihen und den Mitmenschen eben Glück zu bringen. Das ist eine schwierige Aufgabe, denn für das, was ein glückliches Dasein wirklich ausmacht, mangelt es in unseren Zeiten immer mehr an Verständnis. Nur wenige leben in solch einem Glück und verbreiten es. Wir reden nicht vom Lottogewinn oder einer steilen Karriere, sondern von dem Glück, das Fröhlichkeit in die Augen zaubert, Selbstgewissheit schafft, einen mit Zuversicht in die Zukunft blicken lässt und in diesem Vertrauen sorglos macht. Das ist ausgesprochen rar.

Muss man nun, um solch ein Glück verbreiten zu können, über materiellen Reichtum verfügen? Wenn ja, womit soll jemand, der arm wie die sprichwörtliche Kirchenmaus ist, seinem Leben Glanz verleihen? Nun, erstens ist ein Mensch mit Löweaszendent niemals so bedürftig; zweitens geht es nicht um das persönliche, sondern um das Leben schlechthin; und drittens kann man selbst unter den kargsten Bedingungen wie ein Sonnenkönig wirken. Die Schönheit der Natur beschränkt sich ja nicht auf eine Rose oder Lotusblüte, wir erkennen sie genauso bei einem Vergissmeinnicht oder Gänseblümchen. Nichts kann einen also daran hindern, Glück zu verbreiten, ein Glücksbringer zu sein – außer man selbst. Wenn ein Mensch mit jenem wunderbaren Aszendenten die Welt nicht für »würdig« erachtet, dieses Füllhorn zu empfangen, versündigt er sich durch solche Hybris an seiner Geburt und seinem Aszendenten. Die Sonne wählt nicht aus, wem sie ihr Licht schenkt und wem nicht. Sie verbreitet ihr Licht und ihren Glanz nicht, um zu imponieren. Das hat sie nicht nötig. Auch diese Menschen müssen nicht um Anerkennung buhlen. Bedeutsamkeit haben sie allein schon durch ihre Geburt unter dem aufgehenden Löwezeichen. Sie brauchen sich nichts mehr zu beweisen.

Älter zu werden fällt nur denjenigen schwer, die sich ausschließlich in ihrem Glanz sonnen, ihn aber nicht verschenken. Wer sich dem Leben hingibt, ergibt sich auch mit Leichtigkeit dem Tod.

Aszendenten-Check
Wie ergänzen sich Sonne und Aszendent? Das Sonnenzeichen Zwillinge und das Aszendentenzeichen Löwe ergänzen sich großartig. Damit ist man direkt dafür geboren, in einem Team der natürliche Anführer zu sein. Steife Hierarchien werden allerdings als unangenehm und unpassend erlebt, gleich, ob man selbst eine leitende Position innehat oder abhängig ist. Mit dieser Kombination sucht man ein Mit- und kein »Übereinander«.

Aszendent Jungfrau – Ein Prophet werden
Aszendentenstärken Zuverlässig, logisch, nachdenklich, planend, vorausschauend, visionär
Aszendentenschwächen Pessimistisch, kritisch

Alles im Kosmos folgt einer Ordnung, entsteht, wächst, vergeht und fließt in einen neuen Zyklus ein. Menschen mit dem Aszendenten Jungfrau sind mit dieser Ordnung in spezieller Weise verbunden. Solche Nähe macht sie empfänglich für besondere Einsichten und Visionen und schenkt ihnen die Fähigkeit, Erfahrungen oder Botschaften – ähnlich dem Götterboten Hermes/Merkur – auf die Erde und unter ihre Mitmenschen zu bringen. Auch wenn sie sich dessen meist selbst nicht bewusst sind, sagen und tun sie zuweilen Dinge, die sich nur so erklären lassen. Menschen mit Aszendent Jungfrau warnen zum Beispiel vor Gefahren oder benennen Risiken. Das führt manchmal zu einer ausgesprochenen Medialität. Ich kenne viele Medien, Kartenleger oder Astrologen mit Jungfrauaszendent. Bei ihnen paart sich das Wissen um eine natürliche Ordnung mit höheren Eingebungen oder Inspirationen. Sie erkennen die Gesetze des physischen Daseins, wissen also, wie die »Räder des Lebens« ineinandergreifen, und bereichern diese darüber hinaus mit Ideen, die ihnen zufallen. Auch viele Psychologen, Therapeuten, Lehrer, Sozialarbeiter, Ärzte und Krankenpfleger mit dieser astrologischen Kombination bestätigen, dass sie jenseits von Wissen und Erfahrung über Quellen verfügen, die ihnen bei ihrer Arbeit von unschätzbarem Nutzen sind.

Grundsätzlich verfügt jeder Mensch mit Aszendent Jungfrau über einen Zugang und »bedient« damit sich selbst und seine Mitmenschen, erteilt Ratschläge, verweist auf Gefahren und Risiken, spricht Warnungen aus. Wenn man allerdings den Himmel als Ziel aus den Augen verliert und sich nur noch am irdischen Alltag orientiert, läuft man Gefahr, alles und jeden zu »benoten«. Daraus wird dann schnell Schwarzmalerei und Defätismus. Es gibt Menschen mit diesem Aszendenten, die die Angewohnheit haben, jeden Impuls mit dem typischen Aszendent-Jungfrau-Satz »Das klappt sowieso nie!« im Keim zu ersticken. Dass sie dann oft auch noch recht behalten, macht das Ganze nur noch schlimmer.

Fraglos befähigt dieser Aszendent zum »zweiten Gesicht«. Man vermag Phänomene zu »sehen«, die anderen verborgen bleiben, und besitzt »magische Flügel«, die in die Zukunft tragen. Dieses Wissen aber gilt es behutsam und verantwortlich einzusetzen. Sonst richtet es mehr Unheil an, als es Gutes bringt.

Im Alter wird die Kenntnis dessen, was auf die Jungfrauaszendenten zukommt, immer größer, bis sie wissen, was sie erwartet, wenn sie einmal hinübergegangen sind in ein neues Leben.

Aszendenten-Check

Wie ergänzen sich Sonne und Aszendent? Das Sonnenzeichen Zwillinge und das Aszendentenzeichen Jungfrau ergänzen sich zwar, doch das Ergebnis ist nicht nur positiv. Man stellt nämlich sehr hohe Ansprüche an sich, ist aber zugleich ein Mensch, der sich selbst eher im Hintergrund hält. Das bringt einen in Schwierigkeiten, weil man mehr erreichen möchte, aber zugleich auch wieder nicht. Man muss lernen, seine Ansprüche allmählich aufzubauen, und versuchen, sich selbst mehr zu lieben. Ein anderes Problem ist die Neigung, der Gefühlswelt einen geringeren Rang im Vergleich zur Verstandeswelt einzuräumen. Auch diesbezüglich ist eine allmähliche Öffnung gegenüber Gefühlen notwendig.

Aszendent Waage – Die Liebe finden

Aszendentenstärken Anmutig, charmant, stilvoll, liebesfähig
Aszendentenschwächen Abhängig, unecht

Menschen mit dem Aszendenten Waage sind die personifizierte Harmonie und verbreiten eine friedliche, angenehme Stimmung. Das Sein erleben sie dual, das heißt stets aus doppelter Perspektive. Bezieht jemand eine bestimmte Position, dann übernehmen sie beinah automatisch die entgegengesetzte. Dazu benötigen sie noch nicht mal ein Gegenüber. Auch in sich selbst geht es stetig hin und her, als gäbe es dort zwei sich widersprechende Parts und Perspektiven. So wie sie die jeweilige Gegenposition vertreten, können sie aber auch dann, wenn derartige Polaritäten schon gegeben sind, den gemeinsamen Nenner finden. Sie verbinden, vermitteln, gleichen aus, führen zusammen.

Menschen mit Waageaszendent werden in solche Familien und Ehen hineingeboren, in denen der Hausfrieden »schief« hängt. Wenn sich ein Paar streitet oder gar an eine Trennung denkt, kommt ein Kind mit Aszendent Waage, um in einem vielleicht letzten Versuch die Ehe zu kitten. Solche Kinder sind regelrechte Genies darin, bei Streithähnen Frieden zu stiften. Sie bringen einen »Sternenstaub der Versöhnung« auf die Erde, mit dem sich eine Trennung oft genug hinausschieben lässt. Diese Gabe haben auch Menschen, die unter dem Sternzeichen Waage geboren werden. Sie sind sogar noch erfolgreicher darin, Ehen zu retten. Wer mit dem Aszendent Waage geboren wird, so habe ich mehrfach festgestellt, schiebt die Trennung eher auf, als dass er sie für immer verhindern könnte.

Die Bedeutung des Aszendenten liegt in der Betonung der Eigenheit oder Persönlichkeit, die einen Menschen ausmacht. Er ist Motor für das Bestreben, sich aus dem Sog der Familie und des Clans zu befreien, um ein eigenes Leben zu führen. Darum muss er irgendwann sein »Nest« verlassen und sein verbindendes Wirken aufgeben. Dennoch erleben Menschen mit dem Aszendenten Waage es dann doch als eine innere Niederlage, wenn sich ihre

Eltern trennen. Sich die Logik klarzumachen, die dem Aszendenten innewohnt, vermag dann durchaus eine Hilfe zu sein.

Auch im Erwachsenenalter bleiben Menschen mit Waageaszendent der Liebe verpflichtet. Sie verschenken sie großzügig, wenn sie sie gefunden haben, und sind voller Inbrunst auf der Suche nach ihr, wenn sie ihnen gerade »entwischt« ist. Eigentlich jedoch ist ihr ganzes Leben ein Warten auf die ganz große Liebe. Warum bloß, wird man fragen, finden Menschen, die für die Liebe geboren sind, diesen einen und einzigen Partner so selten?

Die Antwort lautet: Es gibt ihn so nicht. Ein Partner, der Liebe pur ausstrahlt, nach Liebe riecht, nach Liebe schmeckt, ein Partner voller innerer und äußerer Schönheit, der göttlich lieben, sich geistreich unterhalten, sich vollständig hingeben kann und dennoch immer er selbst bleibt: Wo, bitte, findet sich solch ein Mann, solch eine Frau? Es ist der enorme Anspruch, der Menschen mit diesem Aszendenten im Wege steht. Er ist schlicht und einfach *zu* hoch. Die große Liebe der Waageaszendenten findet keine Erfüllung bei einem Wesen aus Fleisch und Blut. Erst wenn ihre Liebe zum Geschenk an das Leben wird – an ein Gedicht, an Musik, einen Baum –, fühlen sie sich am Ziel. Dann können sie jemanden auch aus ganzem Herzen lieben, weil diese Liebe nicht mehr so groß sein muss.

Vor allem im Alter strahlen Menschen mit Aszendent Waage eine Liebe aus, die auf niemand Bestimmtes mehr ausgerichtet ist und dennoch jedem zukommt. Dann wird auch irgendwann der Tod ein Teil des Lebens und verbindet sich mit ihm.

Aszendenten-Check

Wie ergänzen sich Sonne und Aszendent? Das Sonnenzeichen Zwillinge und das Aszendentenzeichen Waage passen gut zusammen und kreieren einen schier unendlichen Einfallsreichtum. Vielleicht muss man ein wenig achtgeben, damit man sich mit seinen tausend Ideen nicht verzettelt.

Aszendent Skorpion – Unsterblich werden

Aszendentenstärken Furchtlos, unergründlich, bewahrend, leidenschaftlich

Aszendentenschwächen Misstrauisch, starr

Von dem großen Propheten Mohammed stammt der Satz: »Stirb, bevor du stirbst.« Und der Mystiker Jakob Böhme hat gesagt: »Wer nicht stirbt, bevor er stirbt, der verdirbt, wenn er stirbt!« So oder ähnlich lautet auch der Leib-und-Magen-Spruch von Menschen, die unter dem aufgehenden Skorpionzeichen geboren wurden. Das bedeutet in gar keiner Weise, dass sie real gefährdeter wären als andere. Im Gegenteil, Menschen mit dem Skorpion als Aszendent werden älter als die meisten und scheinen dabei noch robuster, also gesünder zu bleiben als ihre Zeitgenossen. Es geht auch beileibe nicht immer gleich um Leben und Tod. Diese beiden Wörter stehen nur symbolisch für das duale Lebensspiel, dem alles folgt: Kommen und Gehen, Begegnen und Trennen, Halten und Loslassen, Tag und Nacht, Plus und Minus. Jeder Mensch hat sich dieser Dualität zu stellen. Aber wer unter dem aufsteigenden Skorpionzeichen geboren wurde, ist ihr besonders ausgeliefert. Er muss in diesem »Fach« seinen Meister machen.

Ein wichtiger »Prüfungsstoff« auf dem Weg dorthin lautet, dem Schein zu misstrauen. Schon als Kinder entwickeln unter diesem Zeichen Geborene einen Blick für alles Falsche, Seichte und Aufgesetzte und schneiden notfalls tief ins »Fleisch«, wenn sie einen faulen Herd vermuten. Wozu? Weil Schwäche, Falschheit und Unaufrichtigkeit keinen Bestand haben vor dem Tod. Nur echte und starke »Materialien« können der Vergänglichkeit trotzen. Das bezieht sich auch auf ihre Beziehungen. Jeden potenziellen Partner, dem sie begegnen, unterziehen diese Aszendenten bewusst oder unbewusst einem sofortigen Check, um herauszufinden, ob der andere ihrem Wunschpartner entspricht, ob sie mit ihm – symbolisch gesagt – »dem Tod trotzen« können.

Kinder gehören natürlich zum Lebensskript dieser Menschen. Sie stehen sogar ganz oben in der Karmaliste. Von hundert Skorpionaszendenten bekommen 99 mindestens ein Kind – weil Kinder die sicherste Waffe gegen den Tod sind. In ihnen lebt es doch weiter, das Blut, das Erbe, der Name, die Erinnerung. Dass diese Regel nicht für jeden mit Aszendent Skorpion zutrifft, liegt lediglich daran, dass ein Horoskop eben nicht nur aus dem Aszendenten besteht.

Der Aszendent Skorpion verbindet ebenso mit den Ahnen. Es fällt einem daher immer auch die Aufgabe zu, sich um die Vergangenheit zu kümmern, sie in Ehren zu halten und sie – wenn nötig – in ein anderes Licht zu rücken, um (Karma)schulden einzulösen. Aber es existiert auch ein anderer Weg der Unsterblichkeit. Ich weiß von Menschen mit diesem Aszendenten, die keinerlei Angst mehr vor dem Leben haben und damit auch nicht vor dem Tod. Sie wissen, dass es immer weitergeht. Sie nehmen jeden Moment ihres Daseins als das Einzige, was zählt. Insofern sind sie unsterblich und ewig geworden. Diese Gnade erwächst aus der Hingabe an das Leben von Moment zu Moment, wie es im Aszendenten Skorpion angelegt ist. Wenn sich diese Energie aufrichtet, nach oben steigt, wird sie frei von jeglicher Schwere. Die Astrologie schuf dafür ein wunderbares Bild: Sie erhob den erlösten Skorpion zum weisen Adler. Befreit aus der Enge des stacheligen Skorpionpanzers, entweicht dieser Vogel und hebt sich in den Himmel der Unendlichkeit.

Von Moment zu Moment leben bedeutet aber auch, jeden Augenblick loszulassen – auch dann, wenn es dereinst hinübergeht in eine andere Welt.

Aszendenten-Check

Wie ergänzen sich Sonne und Aszendent? Sonnen- und Aszendentenzeichen sind sehr verschieden, was zu Spannungen führt. Aber Probleme machen bekanntlich das Leben nicht nur schwer, sondern bringen einen auch weiter; und das ist bei dieser Kombination eigentlich immer der Fall. Am schwierigsten ist es, damit fertig zu werden, dass man sich sowohl eine tiefe Bindung wünscht als auch frei und unabhängig bleiben will.

Aszendent Schütze – Seelenheiler werden

Aszendentenstärken Optimistisch, aufgeschlossen, mitreißend, jovial, beseelend

Aszendentenschwächen Unrealistisch, leichtgläubig

Eine Seele, die sich inkarniert, während sich im Osten das Tierkreiszeichen Schütze in den Himmel schiebt, wird immer von Trost und Hoffnung begleitet. Wer unter diesem Aszendenten geboren wird, dem haften wundersame Fähigkeiten an: Er vermag Wunden zu heilen, die die Zeit geschlagen hat, und kann – Engeln oder kleinen Göttern gleich – dem Schicksal Schönheit und Würde verleihen.

Noch bei jedem Menschen mit dieser Konstellation, der in meine Praxis kam, gab es in der Vergangenheit ein Unglück, das nach menschlichem Ermessen nicht hätte geschehen müssen. Angehörige starben beispielsweise bei einem unnötigen Einsatz im Krieg oder wegen fehlender oder falscher medizinischer Hilfe. Solche Tragödien werden in den Familien nicht ad acta gelegt, sondern an spätere Kinder weitergegeben, die dann mit einem Aszendenten Schütze auf die Welt kommen. Diese nehmen sich auf ihre Weise des »Versagens« vergangener Zeiten an und versuchen, das Schicksal von damals durch ihre Lebensführung zu verändern. Sie wollen verhindern, dass es noch einmal so schrecklich zuschlägt. Niemand bittet diese Menschen um Hilfe oder gar um Vergeltung. Nur die wenigsten von ihnen werden sich jemals bewusst darüber, was sie eigentlich tun. Und dennoch macht sich ein Anteil in ihnen von Kindesbeinen an auf den Weg, in das Schicksal einzugreifen. Sie kommen auf die Welt, öffnen die Augen und würden, könnten sie sprechen, sagen: »Jetzt komme ich und vertreibe eure Sorgen und bringe Hoffnung. Jetzt wird alles gut.«

Menschen mit diesem Aszendenten sind häufig noch mit achtzig fit und treiben gar Sport. Sie bleiben auch im Kopf rege. Zuweilen fällt ihnen die große Gnade zu, bewusst und klaren Geistes die Schwelle des Todes zu übertreten – wissend, dass dies nicht das Ende ist.

Aszendenten-Check

Wie ergänzen sich Sonne und Aszendent? Man verfügt über beides: Inspiration und einen gesunden Menschenverstand. Braucht aber Ziele, die begeistern, und Menschen, die man begeistern kann. Den latenten Hang zu Autoritätskonflikten sollte man bekämpfen, wenn man die großen Aufgaben meistern will, die das Schicksal vorgesehen hat.

Aszendent Steinbock – Wahrhaftig werden

Aszendentenstärken Sachlich, objektiv, gerecht, zäh, erfahren
Aszendentenschwächen Hart, kalt

Das Sternzeichen Steinbock regiert auf der nördlichen Halbkugel der Erde die kalte Jahreszeit. Daher begleitet auch jeden, der unter diesem Aszendenten auf die Welt kommt, ein Hauch winterlicher Stimmung – obwohl ihre Geburt schon in das Ende des Winters fällt. Damit verbunden ist eine große Widerstandsfähigkeit, auch wenn die nicht immer gleich vom ersten Atemzug an erkennbar ist. Menschen mit Steinbockaszendent kommen sogar öfter zart besaitet, zuweilen sogar mit einer Schwäche auf die Welt. Aber das Leben konfrontiert sie von Anfang an mit Härtetests nach dem Motto »Gelobt sei, was hart macht« bzw. »Du schaffst es, oder du hast hier nichts verloren«. Dieser rauhe Empfang verfolgt nur den einen Zweck: Widerstandskraft zu wecken, abzuhärten und einzustimmen auf ein Leben, das viel von einem verlangt. Das Neugeborene bekommt aber auch bedeutsame Unterstützung: Dieser Mensch wird Gipfel stürmen. Etwas Besonderes leisten. Ruhm und Ehren erlangen. Er wird kein Schwächling werden, keine »Schande« bringen, kein x-beliebiges Rädchen im Getriebe des Lebens sein. Wenn ein Kind mit Aszendent Steinbock das Licht der Welt erblickt, überkommen Familie und Sippe großer Stolz. Aber es zieht zugleich Kühle ein. Diese Kinder werden weder Wärme noch Gemütlichkeit verbreiten. Mit ihnen kann man auch nicht stundenlang zärtlich schmusen.

Lässt man mal fünf gerade sein, fühlt man sich in ihrer Nähe sogar ein wenig schuldig.

Später sind sich Menschen mit Aszendent Steinbock ihrer selbst sicher und leben nach festen Prinzipien und Regeln. Durch ihre Klarheit gehen sie ihrem Umfeld oft als Beispiel voran, geben Orientierung und stehen mit gutem Rat bereit. Sie beeindrucken vor allem durch ihre Standfestigkeit, weswegen sie in Notsituationen gern aufgesucht werden. Ihre Geradlinigkeit und Sachlichkeit scheinen sie unanfechtbar zu machen. Und doch können gerade diese Eigenschaften sie ins Schleudern bringen. Denn wenn man zu sehr an der Materie haftet, wird man mit der Zeit hart und spröde.

Falls man meint, die Bestimmung bestehe ausschließlich darin, sich gegen die Wogen des Lebens zu stemmen, um erfolgreich zu sein, nimmt mit fortschreitendem Alter der Körper eine verspannte Haltung ein. Vor allem Rücken und Knie sind davon betroffen. Wenn man hingegen sein Handeln auf der Erde als vorübergehend betrachtet und die Ausrichtung nach oben nicht verliert, erfährt man durch kosmische Fürsorge den Trost, den man für sein hartes Dasein braucht. Vor allem aber erfährt man sein Leben als getragen von Sinn und Bestimmung. Von solchen Menschen geht dann tatsächlich ein inneres Leuchten aus, das anderen Kraft und Sicherheit verleiht.

Im Alter wird alles leicht. Die Unbeschwertheit vermischt sich mit Weisheit und schenkt den Betreffenden glückliche Jahre, so dass sie, kommt dereinst der Tod, leichten Fußes in die andere Welt hinübergehen können.

Aszendenten-Check

Wie ergänzen sich Sonne und Aszendent? Das Sonnenzeichen Zwillinge und das Aszendentenzeichen Steinbock verkörpern völlig entgegengesetzte Kräfte: Infolge des Zwillingenaturells braucht man Kontakt, sucht Leichtigkeit und Zerstreuung. Die Steinbockveranlagung macht Druck, vorsichtig, kritisch und lässt einen distanziert vorgehen. Dieser Widerspruch kann dazu führen, sich und anderen viel – und meistens zu viel – abzuverlangen. Es geht im Laufe des Lebens darum, aus einer »Entweder-oder«- eine »Sowohl-als-auch-Einstellung« zu erlangen. Man soll also das Kunststück vollbringen, Leichtigkeit und Schwere, Muße und Alltag miteinander zu verbinden.

Aszendent Wassermann – Einmalig werden

Aszendentenstärken Human, frei, unkonventionell, erfinderisch, individualistisch
Aszendentenschwächen Exzentrisch, nervös

Ein Mensch, der auf die Welt kommt, während am östlichen Horizont das Sternzeichen Wassermann aufgeht, ist voller Rätsel: Wer ist er? Woher stammt er? In aller Regel gleicht er weder der Mutter noch dem Vater, so dass zumindest bei Letzterem früh Zweifel an seiner Vaterschaft aufkommen. Aber auch die Mutter blickt skeptisch auf ihr Kind und fragt sich im Stillen, ob es womöglich nach der Geburt vertauscht wurde, so wenig ähnelt es ihr oder ihrem Mann. Zunächst verwirren äußerliche Merkmale wie Nase, Augen und Haarfarbe. Später kommen Irritationen über sein Wesen und sein Verhalten dazu. Beinah befremdlicher ist jedoch die Tatsache, dass der Nachwuchs sein Anderssein anscheinend auch noch kultiviert. Er widersetzt sich allen Erwartungen und wehrt sich vehement dagegen, in irgendein Schema gepresst zu werden.

Was Menschen mit einem Wassermannaszendenten nicht ausstehen können, sind Gesetze und Regeln a priori. Sie hassen alles, was so ist, weil es so ist oder so zu sein hat. Für sie zählen Einsicht, Vernunft und Verstehen. Man könnte auch sagen, sie folgen einer Moral, die schon vor ihrer Geburt in ihr Hirn gepflanzt wurde.

Menschen mit Wassermannaszendent stehen von Kindheit an mit Autoritäten auf dem Kriegsfuß. Heftige Auseinandersetzungen während der Pubertät bleiben bei diesem ausgeprägt individualistischen Charakter kaum aus. Dass es solche Kinder früh aus dem

Haus zieht, ist nur konsequent. Man lasse sie gehen. Sie finden ihren Weg hinaus – und auch wieder einen zurück.

Im Erwachsenenalter kommen auch diese lebhaften Wesen etwas zur Ruhe. Sie dürfen aufatmen. Allerdings sollten sie sich tunlichst ersparen, in einem allzu autoritären und hierarchisch gegliederten Umfeld zu arbeiten und zu leben. Das klappt mit diesem Aszendenten nicht. Passend sind Berufe mit kreativem Potenzial und möglichst offenen Arbeitszeiten. Vierzehn Stunden als Beleuchter beim Film, wovon nur acht Stunden bezahlt werden, machen zufriedener denn verbriefte acht Stunden als Beamter auf Lebenszeit. Menschen mit Aszendent Wassermann werden auch aus einem ersten Kuss nie gleich ein »Immer und ewig« machen. Sie sind ausgesprochen freiheitsliebende Wesen, die sich erst dann binden wollen, wenn sie viel Erfahrung gesammelt haben.

Das Alter überrascht: Sofern sie ihre Individualität und Besonderheit gelebt haben, erwartet sie ein vergnüglicher Lebensabend, an dem sie ihrem Bedürfnis nach Freiheit und Unabhängigkeit unvermindert nachgehen können. Haben sie sich jedoch diesen Drang »verkniffen«, können sie unter Umständen absurde Gewohnheiten entwickeln. Kommt dann der Tod, ist ihre Seele neugierig und gespannt, was dahinter beginnt.

Aszendenten-Check
Wie ergänzen sich Sonne und Aszendent? Das Sonnenzeichen Zwillinge und das Aszendentenzeichen Wassermann sind bestens aufeinander eingestimmt und verhelfen zu kreativen Höhenflügen. Allerdings mangelt es zuweilen am Bodenkontakt. Man sollte Menschen, die einen bremsen wollen, zwar misstrauen, darf aber auch solchen nicht aus dem Weg gehen, die einem dabei helfen können, seinen Träumen Hand und Fuß zu geben.

Aszendent Fische – Ein Mystiker werden

Aszendentenstärken Geheimnisvoll, intuitiv, sensibel, mitfühlend, mystisch

Aszendentenschwächen Unsicher, unrealistisch

»Tat twam asi«: Dieser Satz entstammt der indischen Philosophie und besagt, dass Objekt und Subjekt, Ich und Du, nicht getrennt, sondern eins sind. Der große Philosoph Arthur Schopenhauer (1788–1860) bezieht sich auf diesen Satz, wenn er über das Mitleid oder Mitgefühl philosophiert. Er sieht die metaphysische Grundlage des Mitgefühls darin, dass wir im Grunde alle eins sind. Wir selbst sind es also, die im anderen leiden. Und wir helfen daher der eigenen Person, wenn wir praktisches Mitleid üben.

Tiere haben kein Mitgefühl oder höchstens Spuren davon. Kleinkinder können unendlich grausam sein und zeigen in aller Regel lange nichts von diesem Mitleiden, das Heranwachsende und Erwachsene zuweilen überfällt. Menschen mit dem Aszendenten Fische sind besonders davon betroffen. Ihr Herz krampft sich zusammen, wenn sie an einem Bettler vorbeigehen. Es kann ihnen die Tränen in die Augen treiben, wenn sie andere leiden sehen. Wann immer sie jemand braucht, sind sie zur Stelle. Selbstverständlich. Sich ständig ausnutzen zu lassen geht natürlich auch nicht. Manche Menschen mit Fischeaszendent verzweifeln an ihrer Empathie, weil sie von dem, was sie geben, nie etwas zurückerhalten. Es kommt sogar nicht selten vor, dass jemand mit diesem Aszendenten regelrecht hart und abweisend wird. Aber das ist nur ein Schutz gegen den weichen Kern und schadet letztlich dem Karma. Kinder mit Fischeaszendent sind zarte, sensible, sehr »durchlässige« Wesen, die die Gefühle anderer unmittelbar aufnehmen. Umgekehrt erkennt man sofort, wie es ihnen geht. Sind sie verstimmt, leiden sie, und zwar still und leise. Meist ist die Ursache ihres Kummers die Familie, für deren Schwierigkeiten sie sich »zuständig« fühlen. Die Pubertät kann schrecklich sein. Mit allen Mitteln wird um Anerkennung und Liebe gerungen, und man erliegt doch immer wieder dem »Wasser«, verliert sich und geht unter. Glück hat, wer in seiner Familie mit Toleranz und Verständnis aufwächst. Das Unglück wiederum häuft sich zu einem Berg, wenn einem auch noch die Eltern vorwerfen, nicht so zu funktionieren wie andere. Das setzt sich im Erwachsenenalter fort. Nur sind es jetzt Chefs und Kollegen, von denen man abhängig ist. Menschen mit Fischeaszendent werden es sicher leichter haben, wenn sie in künstlerischen oder sozialen Bereichen arbeiten können. Dennoch sind es letztlich die Mitmenschen, die einem das Leben leichter oder schwerer machen, egal, ob man Krankenschwester oder Verkäuferin in einem Supermarkt ist.

Das Alter bringt hier die große Erleichterung. Dann endlich können die Betreffenden loslassen und müssen niemandem mehr etwas beweisen. Bis dahin haben sie dann auch längst herausgefunden, dass Alleinsein nicht Einsamkeit bedeutet, sondern sich dabei viel eher das Gefühl einstellt, »all-eins« zu sein. Das Loslassen schafft zudem Raum für neue Interessen oder versteckte Fähigkeiten. Vielleicht ergibt sich ein künstlerisches Hobby. Ich kenne Frauen, die noch mit siebzig Astrologie oder alternative Heilverfahren studieren.

Je älter sie werden, umso stiller und zurückgezogener leben Menschen mit diesem Aszendenten – vorausgesetzt, sie sind im Frieden mit ihrem Karma. So können sie dann auch irgendwann auf dem Strom des Lebens hinübertreiben in die Anderswelt.

Aszendenten-Check
Wie ergänzen sich Sonne und Aszendent? Als Folge des Aszendenten ist die Doppelnatur des Zwillingenaturells besonders ausgeprägt und kann zu regelrechtem Gespaltensein bzw. einem Doppelleben führen. Kunst, kontemplative Muße und besonders Meditation sind am ehesten geeignete »Brücken«, den beiden Seiten zu einem harmonischen und leichten Miteinander zu verhelfen.

Der Mond – Die Welt der Gefühle

Die Welt, die monden ist
Vergiss, vergiss, und lass uns jetzt nur dies
erleben, wie die Sterne durch geklärten
Nachthimmel dringen, wie der Mond die Gärten
voll übersteigt. Wir fühlten längst schon, wie's
spiegelnder wird im Dunkeln, wie ein Schein
entsteht, ein weißer Schatten in dem Glanz
der Dunkelheit. Nun aber lass uns ganz
hinübertreten in die Welt hinein, die monden ist.
Rainer Maria Rilke (1875–1926)

Die Bedeutung des Mondes

In einem Schöpfungsmythos heißt es, der Mond sei ein Kind der Erde. Ein anderer beschreibt ihn als Teil unseres Planeten, den dieser aus sich herausgerissen und in den Himmel geschleudert habe, um damit Raum für das Wasser der großen Ozeane zu schaffen. Und dieses Wasser brachte der Erde Fruchtbarkeit. Zu letzterer Geschichte würde passen, dass das Volumen des Mondes, großzügig bemessen, etwa so groß ist wie der Raum, den alle Meere zusammen einnehmen.

Unter den Gestirnen am nächtlichen Himmel ist der Mond uns am nächsten und am vertrautesten. Er nimmt der Nacht ihre tiefe Dunkelheit und schenkt damit Trost und Hoffnung. Er ist uns so vertraut, dass wir in ihm menschliche Umrisse zu erkennen meinen: Seine Schatten bilden ein Gesicht, wir sehen eine alte Frau oder den Mann im Mond mit einem Reisigbündel auf dem Rücken. Er ist Gegenstand von Traumwelten. Wir besingen ihn in Gedichten und kraxeln mit Münchhausen an der Bohne zu ihm hoch oder umkreisen ihn mit Jules Verne.

Blicken wir zum Mond, erfahren wir Wandel und Veränderung: Täglich ist er ein Stück größer oder kleiner und geht früher oder später auf und unter. Manchmal ist er überhaupt nicht zu sehen, und dann wieder scheint er so hell, dass die Nacht fast zum Tag wird. Nimmt er zu, taucht er schon am Nachmittag als bleiches, fast durchsichtig erscheinendes Gebilde am Himmel auf, das von Stunde zu Stunde kräftiger wird, bis es sich hellweiß vom blauen Himmel abhebt. Nimmt er ab, bleibt er noch lange am Tageshimmel wie ein Phantom, das immer blasser und formloser wird, um sich schließlich wie ein Wolkengespinst in nichts aufzulösen. Das Geheimnisvolle, das Veränderliche, das Tröstende und das Ängstigende, das sind die unmittelbaren Begleiter des Mondes.

Als Gegenspieler zur brennenden Sonne bringt der Mond erfrischende Kühle. Und das ist eine wichtige Qualität. Vor allem in der südlichen Hemisphäre, besonders in den unendlichen Weiten der Wüsten, galt der Mond schon immer als Manifestation von Fruchtbarkeit, und das einfach deswegen, weil während eines Großteils des Jahres allein die Nacht die Kühle bringt, die Mensch und Natur benötigen, um zu leben und zu überleben. Die sich füllende und wieder leerende Schale am Himmel ist dort ein Symbol für Quelle und Wasser und damit für die wichtigsten »Schätze« der Wüste. Dass ein Land wie Tunesien, dessen Gebiet sich zu einem großen Teil über die Sahara erstreckt, den Mond in seinem Wappen trägt und ihm damit ein überragendes Denkmal setzt, ist weder ein Wunder noch ein Zufall.

Vom Wasser und Fruchtbarkeit bringenden Mond ist es nur ein kleiner Schritt zum größten Mysterium des Lebens, nämlich zu Schwangerschaft und Geburt. Die Astrologie verbindet den Mond mit dem Urweiblichen – von der Empfängnis über die Schwangerschaft und Geburt bis hin zum mütterlichen Stillen und dem Muttersein selbst. Die offensichtlichste Analogie zwischen Frau und Mond ist natürlich, dass sein Lauf von einem Vollmond bis zum nächsten genauso lange dauert wie ein weiblicher Zyklus, nämlich vier Wochen.

In allen Mythen, Geschichten und Erzählungen über den Mond wird er als weiblich, die Sonne hingegen als männlich gesehen. In den romanischen Sprachen setzt sich diese Tradition fort: So heißen Sonne und Mond im Italienischen *la luna* und *il sole*, im Französischen *la lune* und *le soleil*. Warum der Mond im Deutschen männlich, die Sonne hingegen weiblich ist, mag ein zufälliger Dreher sein. Zu vermuten ist allerdings, diese Zuordnung könnte bedeuten, dass in unserer Sprache ein Wechsel geschlechtsspezifischer Prägung möglich ist – mit allen Vor- und sämtlichen Nachteilen.

Der Mond also – gemeint jedoch ist die »Möndin« – stellt die Verkörperung alles Weiblichen dar. Dass dies automatisch nur auf Frauen zutreffen muss, ist damit keineswegs gesagt. Warum sollte ein Mann nicht »weiblich« sein können – und umgekehrt eine Frau nicht auch »männlich«? In manchen »Mondländern« jedenfalls ist die überkommene Fixierung der Geschlechterrollen zum Teil unerträglich: Es ist für die Gesellschaft sicher wichtig, dass Frauen als potenziellen Müttern Achtung entgegengebracht wird; aber es ist *ver*achtend, ihnen darüber hinaus keine Aufgaben zuzugestehen. Dass sie, wenn sie keine Kinder mehr bekommen können, nicht viel mehr »wert« sein sollen als eine Ziege oder ein Kamel, verletzt schlichtweg die Menschenwürde.

Zurück zum Mond: Er empfängt, geht schwanger, gebärt, nährt, hegt und pflegt. Genau das Gleiche »macht« er in unserem Horoskop, also mit uns: In dem Tierkreiszeichen, in dem er sich bei der Geburt gerade befindet, ist sein Standort, sein Zuhause. Dort will und muss er seiner Bestimmung nachkommen und wird im Laufe eines menschlichen Lebens empfangen, schwanger werden, gebären, nähren, hegen und pflegen.

Darin unterscheidet sich der Mond von der Sonne, die Energie und Vitalität in uns entzündet und damit Lebensfreude und Schaffenskraft stiftet. Der Mond empfängt. Er bekommt die Kraft und das Licht der Sonne, um zu leuchten, so wie in der traditionellen Rollenverteilung die Frau des Schutzes und der Versorgung durch den Mann bedarf. Aber der Schluss, Mondlicht wäre nur reflektierter Sonnenschein, ist falsch. Die Astrologie weiß von ureigenen Kräften des Erdtrabanten. Er transformiert Sonnenenergie. Um sich wenigstens etwas von dieser Umgestaltungskraft vorstellen zu können, sei auf den Vorgang von Zeugung und Schwangerschaft verwiesen: Der Same wäre dann der »Beitrag« der Sonne (des Mannes). Dass daraus schließlich ein menschliches Wesen wird, wäre wiederum die »Zugabe« des Mondes (der Frau). Bei der Sonne fragt der Astrologe: »Was kann ich? Wo ist mein größtes Potenzial?« Beim Mond fragt er: »Wo bin ich zu Hause? Wo fühle ich mich wohl? Wie erlebe und fühle ich? Wo will ich ›gebären und fruchtbar werden‹?« Und das ist natürlich in keiner Weise »nur« aufs Kinderkriegen beschränkt.

Der Mond als sich wandelnder himmlischer Geist war aber auch schon immer ein Symbol für das Innenleben. Verweist uns die Sonne auf unsere Fassade, die äußere Erscheinung, mit der wir uns der Welt präsentieren und von der wir uns wünschen, dass uns andere auch so erleben, verrät uns der Mond unsere Empfindungen, unsere Gefühle. Darüber sprechen wir nicht mit jedem, wir offenbaren sie nur den Menschen, die uns nahe sind und denen wir vertrauen. Das Sternzeichen, der Stand der Sonne, beleuchtet unser öffentliches Sein. Der Mond hingegen spielt im zwischenmenschlichen und damit eher im privaten Sein eine große Rolle.

Aber es geht noch tiefer, wird noch geheimnisvoller: Der Mond ist nicht nur zuständig für unser Innenleben. Er blickt auch in einem übergeordneten Sinn »dahinter«: Der Mond – die »Möndin« – öffnet ein Fenster in eine andere Dimension. In unserer westlichen Zivilisation ist der Zugang meist nur wenigen begnadeten Seelen möglich. Oft sind das Künstler. Ein wunderbares Beispiel ist das Gedicht von Rainer Maria Rilke über den Mond, das diesem Kapitel als Einstimmung vorangestellt ist. Aber auch während eines Sommeraufenthalts in Italien oder Griechenland lässt sich etwas vom Mythos Frau Lunas erahnen, dann nämlich, wenn sich wie aus dem Nichts heraus am helllichten Tag ein Geist am Himmel offenbart, der sehr viel später erst zum Mond wird. Noch viel deutlicher aber ist es in der Wüste, der Urheimat der Astrologie. Dort ist der Trabant kein fremdes Gestirn, sondern eine Göttin, die sich am Himmel zeigt und einen Türspalt offen lässt für diejenigen, die bereit sind, hinüberzuschauen. Der Mond verkörpert auch die heilige Schale der Taufe und die Einweihung in die

Geheimnisse des Seins. Dort, wo er im Horoskop steht, findet sich die Gnade, an übersinnlichen Erfahrungen teilzuhaben. Er ist eine Pforte in das Reich der Mystik und Spiritualität. Der Mond führt zu Gott, nicht unser Zentralgestirn.

Frauen sind dem astrologischen Mond näher als ihrer Sonne. Sie müssten sich daher eigentlich auch eher an ihrem Mond- als an ihrem Sternzeichen orientieren. Es ist aber so, dass sich die gängige Astrologie an der Sonne und damit am Männlichen ausrichtet: Ein Sonnen- oder Sternzeichenhoroskop findet man beinah in jeder Zeitung, das Mondzeichenhoroskop hingegen in keiner einzigen.

Je mehr eine Frau allerdings aus ihrer klassischen Rolle einer Mutter und Hausfrau herauswächst und »ihren Mann steht«, desto stärker wird sie auch ihre Sonne leben. Allerdings wäre es völlig falsch, wenn sie den Mond dann unberücksichtigt ließe. Eine bewusste und emanzipierte Frau schöpft aus beiden: Führungsaufgaben, die von Männern grundsätzlich hierarchisch gelöst werden, packen Frauen anders an. Sie lassen mehr Nähe (Mond) zu und motivieren ihre Mitarbeiter dadurch auf einer persönlicheren Ebene. Auch bei Entscheidungen sind Frauen, die sowohl Logik (Sonne) als auch Intuition (Mond) zulassen können, Männern überlegen, die sich nur nach der Sonne richten.

Während Frauen ihren Mond eher unmittelbar selbst leben, neigen Männer dazu, sich eine Frau zu suchen, die ihrem Mond entspricht. Insofern gelten die Aussagen über die einzelnen Mondpositionen für Männer nur indirekt, sie beschreiben sozusagen »Suchbilder«. Ein solches Bild bezieht sich dann auf die Frau, mit der man zusammenleben will und die möglicherweise sogar die Mutter gemeinsamer Kinder wird.

☾ Der Mond ist der Hausplanet oder das herrschende Gestirn des Krebszeichens und übernimmt auch das Element des Zeichens, also Wasser. Das astrologische Symbol besteht aus zwei Halbkreisen – dem Ursymbol des Seelischen.

Auf den folgenden Seiten finden sich die zentralen Eigenschaften der zwölf Mondpositionen. Bei der individuellen Anwendung ist stets zu berücksichtigen, dass die Mondposition immer auch durch die Häuser und durch Verbindungen mit verschiedenen Gestirnen eine andere Färbung bekommen und im Einzelfall auch einmal stark von den hier genannten Deutungen abweichen kann.

Ihre exakte Mondposition lässt sich wieder über die Homepage des Autors herunterladen (www.bauer-astro.de).

Die Zwillinge und ihre Mondzeichen

Der Mond im Zeichen Widder – Temperamentvoll

Mondstärken Unternehmungslust, Impulsivität, Direktheit, Selbständigkeit, Ichhaftigkeit, Suche nach eigenständiger Wirksphäre, intensives Phantasieleben, musikalische oder bildnerische Begabung, Ideenträger sein, Erspüren von Macht

Mondschwächen Aggressivität, Spannung, Ungeduld, Nervosität

Die Botschaft des Mondes lautet: »Das Leben ist ein immerwährender Kampf. Sei wachsam und bereit. Lass dich nicht unterkriegen, sondern versuch dir einen der vorderen Plätze im Leben zu ergattern. Das ist deine Bestimmung. Du brauchst zwar Pausen, in denen du auftanken kannst, aber zu lange darfst du dich nie dem aktiven Leben entziehen. Sonst könntest du zurückfallen und untergehen. Du brauchst Erfolgserlebnisse. Sie sind der Stoff, der dich am Leben hält. Sei immer auf der Hut!«

Mond-Check

Wie weiblich macht dieser Mond? Nicht besonders stark. Widder ist ein sehr männliches Zeichen.

Wie mütterlich macht dieser Mond? Man wird ein »Kumpel zum Pferdestehlen«, aber kein ausgeprägter Muttertyp.

Wie gefühlvoll macht dieser Mond? Er macht sehr feurig. Aber das bedeutet nicht, dass man in Gefühlen geradezu badet.

Wie intuitiv macht dieser Mond? Sehr sensibel und unglaublich phantasievoll.

Was braucht man mit diesem Mond? Wärme, Selbstbestätigung, Aufmerksamkeit, Anerkennung.

Für den Mann: Wie lautet das Suchbild »(Mond-)Frau«? Sie soll temperamentvoll, ichhaft, bestimmend, aktiv sein und darf ruhig auch den Ton angeben.

Der Mond im Zeichen Stier – Erdverbunden

Mondstärken Lebensfreude, Genuss, gefestigtes Gefühlsleben, Naturliebe, Musikalität, Sammelleidenschaft, Gutmütigkeit, Häuslichkeit, Geschmack

Mondschwächen Antriebsschwäche, Materialismus, Geiz, Gier

Die Botschaft des Mondes lautet: »Du bist ein Kind der Erde. Verbinde dich daher stets mit ihr. Hier findest du alles, was du brauchst. Lass die Erde auch deine Lehrmeisterin sein. Lerne von ihr. Beobachte, wie alles mit einem Samen – also klein – beginnt und mit der Zeit immer größer wird. Sei geduldig, und Größe und Reichtum sind dir sicher. Lerne auch von der Mutter Erde, dass alles einem Kreislauf folgt. Sei also bereit, zu bestimmten Zeiten loszulassen, um dann wieder neu empfangen zu können.«

Mond-Check

Wie weiblich macht dieser Mond? Sehr weiblich. Er ist beinah so etwas wie der Inbegriff von Weiblichkeit.

Wie mütterlich macht dieser Mond? Kinder und Familie gehören zu ihm.

Wie gefühlvoll macht dieser Mond? Er beschert ein sehr natürliches und selbstverständliches Gefühlsleben.

Wie intuitiv macht dieser Mond? Man fühlt sich den Geschöpfen der Natur sehr nah und bezieht aus der Natur Kraft und Intuition.

Was braucht man mit diesem Mond? Seinen Platz, ein Zuhause, Sicherheit, einen gewissen Wohlstand.

Für den Mann: Wie lautet das Suchbild »(Mond-)Frau«? Sie soll praktisch, sinnlich und fürsorglich sein.

Der Mond im Zeichen Zwillinge – Heiter

Mondstärken Vielseitigkeit, Ausdrucksfähigkeit, Kontaktfreude, schriftstellerische Begabung, intuitives Erfassen anderer Menschen, gute Selbstdarstellung

Mondschwächen Oberflächlichkeit, Manipulation, Enttäuschungen, Zerrissenheit

Die Botschaft des Mondes lautet: »Du bist aus dem Element Luft geboren, leicht wie sie und grenzenlos. Das musst du dir als dein Lebensprogramm immer vor Augen halten: Niemand und nichts darf dich je einengen oder festhalten. Du wirst dich selbst binden und festsetzen, aber nie für immer und stets so, dass du jederzeit entweichen kannst. Deine Bestimmung ist, Menschen miteinander zu verbinden, ein Netz von Beziehungen zu erstellen. Unter Menschen fühlst du dich zu Hause.«

Mond-Check

Wie weiblich macht dieser Mond? Zwillinge ist ein männliches Zeichen und prägt entsprechend.

Wie mütterlich macht dieser Mond? Es ist absolut kein »Muttertyp« zu erwarten.

Wie gefühlvoll macht dieser Mond? Der Zugang zu tiefen Gefühlen fällt recht schwer.

Wie intuitiv macht dieser Mond? Menschen mit dieser Konstellation reagieren oft sehr intuitiv.

Was braucht man mit diesem Mond? Menschen um sich, Unterhaltung, Ansprache, Freunde.

Für den Mann: Wie lautet das Suchbild »(Mond-)Frau«? Sie soll kommunikativ, gebildet, unterhaltsam und freiheitsliebend sein.

Eine besondere Konstellation

Sie sind in der Neumondphase (zwei Tage vor bis zwei Tage nach Neumond) geboren. Sie sind damit ein besonderer Mensch. Denn in Ihnen ist eine große Sehnsucht nach inniger Nähe zu geliebten Menschen, die Sie in einer erfüllten Partnerschaft zu verwirklichen versuchen.

Der Mond im Zeichen Krebs – Gefühlvoll

Mondstärken Für andere da sein, Erlebnistiefe, seelische Beeindruckbarkeit, ausgeprägtes Traumleben, starke unbewusste Kräfte, mütterlich und häuslich sein, starkes Innenleben, große Einfühlungsgabe, telepathische Fähigkeiten

Mondschwächen Täuschungen, unverstanden sein, Launenhaftigkeit, Mutterprobleme

Die Botschaft des Mondes lautet: »Du bist mir besonders nah. Fest sind wir miteinander verbunden. Daher veränderst du dich mit meinem Wandel: Werde ich schmäler, willst auch du dich verausgaben. Bin ich ganz verschwunden, ziehst du dich ebenfalls zurück. Umgekehrt ist es dir danach, dich zu zeigen, fröhlich und extravertiert zu sein, wenn ich wieder größer werde. Dir öffne ich auch – mehr als jedem anderen – ein Fenster, damit du hinüberschauen kannst in die Welt der Wunder.«

Mond-Check

Wie weiblich macht dieser Mond? Extrem weiblich.
Wie mütterlich macht dieser Mond? Eigene Kinder und eine Familie, für die man sorgen kann, gehören zu dieser Konstellation.

Wie gefühlvoll macht dieser Mond? Es entwickelt sich ein starkes Gefühlsleben.

Wie intuitiv macht dieser Mond? Träume und Intuition haben große Tiefe.

Was braucht man mit diesem Mond? Eine Familie, Kinder, immer wieder Zeit für sich.

Für den Mann: Wie lautet das Suchbild »(Mond-)Frau«? Sie soll die Mutter »seiner« Kinder werden, häuslich, liebevoll und fürsorglich sein.

Der Mond im Zeichen Löwe – Stolz

Mondstärken Darstellungskunst, Selbstvertrauen, Kreativität, Gerechtigkeitsempfinden, Unternehmungsgeist, schauspielerische Talente

Mondschwächen Theatralik, Übertreibung, Trägheit, Faulheit, Narzissmus

Die Botschaft des Mondes lautet: »Du hast einen besonders starken Mond, einen, der ständig in seiner vollen Größe zu sein scheint. Das führt dazu, dass du ein ausdrucksstarker, emotionaler Mensch bist. In dir entspringt eine Quelle ununterbrochener Kreativität und Inspiration, das äußert sich als starkes Phantasie- und Traumleben. Du musst Möglichkeiten finden, dein inneres Erleben nach außen zu transponieren. Du verkümmerst, wenn du dein Mondgeschenk nicht lebst.«

Mond-Check

Wie weiblich macht dieser Mond? Löwemond-Menschen sind feurig und stark.

Wie mütterlich macht dieser Mond? Sie übernehmen gern die Mutterrolle, um andere zu verwöhnen.

Wie gefühlvoll macht dieser Mond? Sie haben spontane, feurige Gefühle, verlieren sie aber auch schnell wieder.

Wie intuitiv macht dieser Mond? Licht und Wärme nähren ihre Intuition und führen zu großer Kreativität und Schöpferkraft.

Was braucht man mit diesem Mond? Feuer, Wärme, Sonne, aber auch Bestätigung und Achtung: Daraus besteht dieses Lebenselixier.

Für den Mann: Wie lautet das Suchbild »(Mond-)Frau«? Eine starke Frau soll es sein, der man gern auch die Regie über Haus und Familie anvertraut.

Der Mond im Zeichen Jungfrau – Vorsichtig

Mondstärken Vorhersehen können, Organisations- und Konzentrationsfähigkeit, Ordnungsliebe, Gespür für gesundheitliche Belange, bewusste Ernährung, Zugang zu geheimem Wissen

Mondschwächen Abhängigkeit von Zuwendung

Die Botschaft des Mondes lautet: »Das Leben ist keine Autobahn, auf der es immer geradeaus geht. Ein Weg voller Überraschungen erwartet dich. Daher ist es wichtig, dass du stets hellwach bist, um zu wissen, was kommt. Ich, dein Mond, habe dich deshalb auch mit der Gabe der Vorausschau ausgestattet, damit du nie im Dunkeln tappst. Aber du bist auch ein Erdzeichen, ein Kind unseres Planeten. Dies bedeutet, dass du mit der Zeit seinen gesetzmäßigen Lauf immer besser erkennst. Es hilft dir, dein Leben zu beruhigen. Lerne daher von der Erde und dem Wechsel der Jahreszeiten.«

Mond-Check

Wie weiblich macht dieser Mond? Er macht eher mädchenhaft als weiblich (und eher burschikos als männlich).

Wie mütterlich macht dieser Mond? Frauen mit dieser Mondstellung sind keine »schlechten Mütter«, fühlen sich aber oft zu etwas anderem berufen.

Wie gefühlvoll macht dieser Mond? Empfindungen gegenüber macht er eher misstrauisch.

Wie intuitiv macht dieser Mond? Die Erde offenbart ihr Wissen, so dass die Betreffenden es zum Beispiel auch für heilendes Wirken anwenden können.

Was braucht man mit diesem Mond? Kontakt mit Mutter Erde, Sicherheit, einen Lebensplan.

Für den Mann: Wie lautet das Suchbild »(Mond-)Frau«? Sie soll klug und praktisch sein, ihr Gefühlsleben unter Kontrolle haben, und sie darf sich nicht in Abhängigkeiten verstricken.

Der Mond im Zeichen Waage – Ausgewogen

Mondstärken Andere spüren können, gern unter Leuten sein, Kontaktfreude, Sinn für Ästhetik, Kunst, Schönheit, verbindend und ausgleichend sein, Gerechtigkeitsliebe

Mondschwächen Entscheidungsunfähigkeit, Antriebsarmut, Überempfindlichkeit, Abhängigkeit

Die Botschaft des Mondes lautet: »Du hast eine Art Wünschelrute, mit deren Hilfe du jedes Ungleichgewicht erspüren kannst. Lebt jemand in Disharmonie oder herrscht eine Unstimmigkeit zwischen Menschen, schlägt dein magisches Instrument augenblicklich aus. Am schnellsten reagierst du auf eigene Störungen, weswegen es für dich sehr wichtig ist, in Harmonie und Frieden zu leben und dein Umfeld entsprechend auszuwählen. Andere suchen dich auf, weil du sie nicht nur bestens verstehst, sondern auch dazu beiträgst, für Versöhnung und Eintracht in ihrem Leben zu sorgen.«

Mond-Check

Wie weiblich macht dieser Mond? Er macht zärtlich, einfühlsam und auch weiblich, aber nicht im Übermaß.

Wie mütterlich macht dieser Mond? Menschen mit dem Mond im

Zeichen Waage können sich Kindern gegenüber schlecht durchsetzen.

Wie gefühlvoll macht dieser Mond? Stimmungen lieben sie, starke Emotionen aber bereiten Probleme.

Wie intuitiv macht dieser Mond? Man ist sehr sensibel und ungeheuer phantasievoll.

Was braucht man mit diesem Mond? Eine harmonische Umgebung und ausgeglichene Beziehungen.

Für den Mann: Wie lautet das Suchbild »(Mond-)Frau«? Sie muss feinsinnig, geschmackvoll, sehr einfühlsam und liebesfähig sein.

Der Mond im Zeichen Skorpion – Tiefgründig

Mondstärken Hinterfragen, aufdecken, im Krisenfall Stärke zeigen, okkulte Fähigkeiten, suggestive Ausstrahlung, großer Familiensinn

Mondschwächen Nicht loskommen von der Mutter, Despotismus, krankhafte Eifersucht, Misstrauen

Die Botschaft des Mondes lautet: »Da das Wesentliche, Eigentliche und Wahre in aller Regel nicht offensichtlich wird, ist es deine Bestimmung, dich bis ins Innerste der Menschen hineinzuspüren. Deinem Röntgenblick bleibt nichts verborgen. Jeden unterziehst du einer Prüfung, und nur wenn er sie besteht, lässt du dich auf eine Beziehung ein. Letztlich suchst du so ein Gegenüber, das dich ergänzt – dein Du –, um mit ihm eine Familie zu gründen. In deinen Kindern lebst du weiter. Sie geben dir Zukunft, auch wenn es dich nicht mehr gibt.«

Mond-Check

Wie weiblich macht dieser Mond? Menschen mit einem Skorpionmond verfügen über große weibliche Kräfte.

Wie mütterlich macht dieser Mond? Gute Mütter sind das – auch die Männer …!

Wie gefühlvoll macht dieser Mond? Man empfindet tiefe Gefühle und große Leidenschaft.

Wie intuitiv macht dieser Mond? Die Betreffenden sind visionär und haben magische Fähigkeiten.

Was braucht man mit diesem Mond? Vertrauen und Sicherheit.

Für den Mann: Wie lautet das Suchbild »(Mond-)Frau«? Sie muss stark und bereit sein für ein ehernes Bündnis und gemeinsame Kinder.

Der Mond im Zeichen Schütze – Sinnstiftend

Mondstärken Optimistisch, motivierend, begeisternd, vielseitig, schriftstellerische Talente, sportliche Fähigkeiten, gut im Ausland leben können

Mondschwächen Blauäugigkeit, Naivität, Phantasterei

Die Botschaft des Mondes lautet: »Du bist auf die Welt gekommen, um der Dunkelheit ein Ende zu bereiten, dem Guten und Gesunden zum Sieg über das Böse und Kranke zu verhelfen. Verstehen, einen Sinn verleihen, verzeihen – so lauten deine Waffen, mit denen du ins Feld ziehst und siegreich zurückkommst. Du bist wie eine heilige Schale, welche alle Waffen stumpf macht, die in sie gelegt werden. Schlimmes wird erlöst. Wunden können heilen. Friede kehrt ein.«

Mond-Check

Wie weiblich macht dieser Mond? Auch als Frau stehen diese Menschen leicht ihren Mann.

Wie mütterlich macht dieser Mond? Zu viel Mütterlichkeit ist ihnen suspekt.

Wie gefühlvoll macht dieser Mond? Sie sind feurig, ekstatisch, aber nicht gerade gefühlvoll.

Wie intuitiv macht dieser Mond? Man verfügt über große Intuition und Seelenstärke.

Was braucht man mit diesem Mond? Eine Aufgabe, die etwas Sinnvolles zum Ziel hat.

Für den Mann: Wie lautet das Suchbild »(Mond-)Frau«? Sie muss selbständig, aktiv, sportlich sein. Man muss sich mit ihr auch geistig austauschen können.

Eine besondere Konstellation

Sie sind in der Vollmondphase (zwei Tage vor bis zwei Tage nach dem Vollmond) geboren und damit ein besonderer Mensch. Denn Sie tragen in sich die lebendige Spannung zwischen Mann und Frau am deutlichsten. Das führt zu einem reichen und faszinierenden Beziehungsleben. Es kann aber auch große Konflikte für Partnerschaft und Liebe bringen.

Der Mond im Zeichen Steinbock – Überpersönlich

Mondstärken Klares Gefühlsleben, Selbstbeherrschung und Pflichtbewusstsein, Streben nach Objektivität und Durchsichtigkeit, Ernsthaftigkeit, Liebe zum Beruf

Mondschwächen Sich selbst zu negativ sehen, abhängig sein von beruflichem Erfolg, Gefühlskontrolle

Die Botschaft des Mondes lautet: »Du bist mit der Gabe gesegnet, das Allgemeine und Wesentliche auch im Einzelnen und Persönlichen zu erkennen. Das macht dich zu einer Person, die den Menschen in ihrer Gesamtheit verpflichtet ist. Dafür tritt das Persönliche und Individuelle bei dir zurück. Es wird unbedeutend. Du bist Wächter und Bewahrer des Seelischen, Stimmigen und Wahren.«

Mond-Check

Wie weiblich macht dieser Mond? Menschen mit dieser Mondposition sind sehr weiblich, ohne es immer nach außen hin deutlich zu zeigen.

Wie mütterlich macht dieser Mond? Auch ihre Mütterlichkeit ist ausgeprägt, aber nicht unbedingt für eigene Kinder.

Wie gefühlvoll macht dieser Mond? Sie unterscheiden echte und wahre Gefühle von Emotionen, die vorgetäuscht werden.

Wie intuitiv macht dieser Mond? Die Betreffenden haben die Fähigkeit, Visionen zu entwickeln.

Was braucht man mit diesem Mond? Eine Aufgabe für die Allgemeinheit.

Für den Mann: Wie lautet das Suchbild »(Mond-)Frau«? Sie soll eine gewisse Persönlichkeit ausstrahlen, stark und selbständig sein.

Der Mond im Zeichen Wassermann – Schöpferisch

Mondstärken Sozial, human, freundlich, aufgeschlossen, ungebunden, Veränderungsliebe, Reisefreude, Erfindungsgabe, Intuitionskraft, Reformwillen

Mondschwächen Zwanghaft antiautoritäres Denken und Handeln, Verwirrtheit

Die Botschaft des Mondes lautet: »Du bist mit einer schöpferischen Quelle verbunden, in der ununterbrochen Neues geboren, Altes verwandelt und neu gestaltet wird. Das Unvorhersehbare, Neue und Fremde ist deine Heimat. Das führt manchmal dazu, dass du dir selbst in deinem Inneren fremd vorkommst, voller Widersprüche steckst und nicht mehr recht weißt, wer du bist und woher du kommst. Solche Phasen dienen aber der Vorbereitung eines neuen schöpferischen Schubs. Du darfst dich davon nicht verwirren lassen.«

Mond-Check

Wie weiblich macht dieser Mond? Männlich oder weiblich? Beide Seiten sind Menschen mit dieser Konstellation vertraut.

Wie mütterlich macht dieser Mond? Sie sind der beste Gefährte und Freund aller Kinder, aber nicht der klassische Muttertyp.

Wie gefühlvoll macht dieser Mond? Stimmungen sind wunderbar. Emotionen gegenüber sind die Betreffenden misstrauisch.
Wie intuitiv macht dieser Mond? Sie haben häufig Offenbarungsträume, in denen sie Hinweise für ihren Lebensweg erhalten.
Was braucht man mit diesem Mond? Anregungen, Veränderungen und die Möglichkeit, sich schöpferisch betätigen zu können.
Für den Mann: Wie lautet das Suchbild »(Mond-)Frau«? »Etwas Besonderes« soll sie sein – frei, unabhängig – und sich von anderen Frauen unterscheiden.

Der Mond im Zeichen Fische – Geheimnisvoll

Mondstärken Medialität, heilerische Qualitäten, Kraft durch Glauben, Sensibilität, Liebe für andere, Liebe zur Schöpfung, verlässliches instinkthaftes Gespür
Mondschwächen Wirre Phantasievorstellungen, Unsicherheit, Bindungslosigkeit

Die Botschaft des Mondes lautet: »Du bist wie der Mond, der sich am Vormittag noch am blauen Himmel zeigt, bis er mit ihm auf rätselhafte Weise verschmilzt – schillernd, beinah durchsichtig und im Inneren zerbrechlich und fein. Du bist dem Gefäß, in dem die Seele wohnt, sehr nah und weißt, dass man sie nicht fassen kann. Sie zeigt sich nur denen, die ohne Absicht sind, Kindern und Heiligen. Du bist voller Liebe für alles, was unvollkommen ist, kannst heilen und versöhnen.«

Mond-Check

Wie weiblich macht dieser Mond? Äußerst weiblich.
Wie mütterlich macht dieser Mond? Menschen mit einem Fischemond fühlen sich als Mutter der gesamten Schöpfung.
Wie gefühlvoll macht dieser Mond? Sie sind unglaublich gefühlvoll.
Wie intuitiv macht dieser Mond? Mehr an Intuition weist keine der anderen Mondstellungen auf.

Was braucht man mit diesem Mond? Stille, Einkehr, Liebe und Verständnis für die geheimnisvollen Seiten des Seins.

Für den Mann: Wie lautet das Suchbild »(Mond-)Frau«? Sie soll liebevoll, geheimnisvoll, fast engelhaft sein.

Merkur – Schlau, beredt, kommunikativ und göttlich beraten

Die Bedeutung Merkurs

Der römische Gott Merkur entspricht ganz dem Hermes der griechischen Mythologie. Er war ein ausgesprochen schillernder Gott, versehen mit zahlreichen Eigenschaften und Funktionen. Respekt und Bewunderung erwarb er sich durch Klugheit und Raffinesse. So stahl er, gerade erst als Sohn des Jupiter bzw. Zeus und der Nymphe Maia geboren, dem Gott Apoll eine Rinderherde. Von diesem zur Rede gestellt, spielte er auf einem mit Fell und Saiten versehenen Schildkrötenpanzer derart gekonnt auf, dass Apolls Zorn verflog und er ihm die Rinder im Tausch gegen das Musikinstrument überließ. Ganz nebenbei hatte Merkur auf diese Weise die Lyra erfunden, jenes zauberhafte Instrument, mit dem später Orpheus Menschen wie Götter verzauberte.

Gott Merkur war also klug und listig, und genau diese Fähigkeit verleiht er auch dem Menschen. Er macht beredt, erfinderisch und verhilft einem auch mal zu einer guten Ausrede. Wegen seiner listigen Eigenschaften wurde er zum Gott der Kaufleute, Diebe und Bänkelsänger. Seine Fröhlichkeit machte ihn zum Schutzpatron all derjenigen, die auf heiteren Wegen wandeln. Und sein Diebstahl der Kühe ließ ihn selbstredend zum Gedeihen der Viehherden beitragen. Infolge seiner Lust am Reden und seines Talents, sich allemal in ein günstiges Licht zu setzen, wurde er der göttliche Freund all derer, die viel sprechen, schreiben und auf der Bühne stehen: Dichter, Sänger, Schauspieler, Politiker, Talkmaster, Ansager, Komiker, Artisten oder Musiker. Wie wir denken, reden, kommunizieren, uns darstellen und uns verkaufen, das alles verrät die Position Merkurs in unserem Horoskop. Er verkörpert unsere unbeschwerte Seite und den leichtesten Weg, den man gehen kann.

Aber Merkur hat noch mehr auf Lager: Bei den Griechen galt er als Diener Jupiters und als Götterbote, der zwischen dem Olymp, dem Wohnort der Unsterblichen, und den Menschen drunten auf der Erde vermittelte. Und er begleitete auch die Seelen der Verstorbenen in die Unterwelt. Er besaß geflügelte Sandalen und einen geflügelten Hut, damit er rasch hin und her eilen konnte. Ein weiteres Attribut war sein goldener Heroldsstab, der Kerykeion, ein Zauberstab.

Hermes überbrachte also den Willen seines Vaters Zeus. So führte er zum Beispiel in dessen Auftrag Hera, Athene und Aphrodite zum Idagebirge, wo Paris den goldenen Apfel der – seiner Wahl nach – schönsten der Frauen überreichen sollte. Seine Entscheidung für Aphrodite, die ihm dafür Helena versprochen hatte, löste später bekanntlich den Trojanischen Krieg aus.

Tatsächlich fungiert Merkur auch in der Astrologie als eine Art Empfangs- und Sendestation. Wo er sich in unserem Horoskop befindet, sind uns die Götter besonders nah und übermitteln uns ihre Botschaften und Nachrichten. Umgekehrt können wir dort die Götter am ehesten erreichen.

Merkur ist der sonnennächste Planet. Er zieht seine Kreise um unser Zentralgestirn so eng, dass er sich nie mehr als maximal ein Zeichen von der Sonne entfernen kann. Das führt auch dazu, dass in vielen Horoskopen Merkur die gleiche Tierkreiszeichenposition einnimmt wie die Sonne.

☿ Das astrologische Symbol besteht aus einer Schale, einem Kreis und dem Kreuz. Die Schale symbolisiert seelische Empfänglichkeit. Der Kreis steht für die Dimension des Geistes, das Kreuz für Materie. Das Symbol in seiner Gesamtheit signalisiert, dass Seele und Geist über der Materie stehen und sie dominieren.

Auf den folgenden Seiten finden sich die wichtigsten Eigenschaften der Merkurposition von Zwillingegeborenen. Bei der konkreten Anwendung ist auch hier zu berücksichtigen, dass die Konstellation durch Verbindungen mit verschiedenen weiteren Gestirnen immer eine andere Färbung bekommen und im Einzelfall auch einmal stark von den genannten Deutungen abweichen kann.

Die exakte Merkurposition lässt sich wieder über die Homepage des Autors herunterladen (www.bauer-astro.de).

Die Zwillinge und ihre Merkurzeichen

Merkur im Zeichen Stier – Sachliches Denken

Merkurstärken Konzentriertes und konkretes Denken
Merkurschwächen Stur sein, starr denken

Die Botschaft Merkurs lautet: »Dein Denken ist sachlich, genau und praktisch. Du beziehst dich in deinen Überlegungen auf eigene Erfahrungen oder solche, die von zuverlässigen Leuten stammen. Das verleiht dir Sicherheit und Glaubwürdigkeit; es unterlaufen dir kaum Fehler. Was du sagst, hat Hand und Fuß. Das darf dich allerdings nicht dazu verleiten, deine eigene Art zu denken als die einzig richtige zu betrachten und andere zu kritisieren oder gar zu demoralisieren. Deine Meinung ist nur eine von mehreren. Es ist deine Stärke, andere, die weniger sachlich und empirisch fundiert argumentieren, zu ergänzen. Lass dich im Gegenzug aber auch von deinen Mitmenschen inspirieren!

Auf andere zuzugehen fällt dir nicht leicht. Du wartest lieber ab, bis man auf dich zukommt, reagierst jedoch abweisend, wenn jemand zu forsch auftritt. Hier solltest du offener werden. Nicht jeder, der dich direkt angeht, will dich bedrängen; er ist vielleicht nur spontaner als du.

Dein Denken dreht sich häufig um Schönheit, Genuss, Essen, Trinken, Geld und Besitz. Das hilft dir, deine Wünsche real umzusetzen. Mit mir, dem Merkur im Zeichen Stier, solltest du keine Probleme haben, genug Geld zu verdienen.

Gegen Sturheit und Engstirnigkeit musst du allerdings zu Felde ziehen, und zwar bei dir selbst. Um dies zu üben, könntest du dir zum Beispiel von Fall zu Fall einmal vornehmen, anderer Leute Meinung voll und widerspruchslos zu akzeptieren.«

Merkur-Check
Ist man mit diesem Merkur kontaktfähig? Man wartet lieber, bis jemand auf einen zugeht.
Was bringt einen »den Göttern« näher? Wunschlos glücklich, sinnlich befriedigt und reich zu sein.

Merkur im Zeichen Zwillinge – Vielseitiges Denken
Merkurstärken Flinkes, übersichtliches, vielseitiges Denken
Merkurschwächen Flüchtigkeit, unkonzentriert und oberflächlich sein

Die Botschaft Merkurs lautet: »Mit diesem Merkur im Zeichen Zwillinge bist du besonders ›fit‹. Das beruht darauf, dass ich das Sternzeichen Zwillinge regiere, dort also zu Hause bin und mich entsprechend gut entfalten kann. Die Folge für dich ist ein kolossal vielseitiges und vielschichtiges Denken. Du bist grundsätzlich allem gegenüber aufgeschlossen und interessiert und lässt dich von guten Argumenten jederzeit überzeugen. Du denkst logisch. Das heißt, dass du – vielleicht ohne es überhaupt selbst zu bemerken – ständig abwägst, vergleichst und Schlüsse ziehst. Mitunter steht dein Kopf wie unter Strom. Du brauchst daher eine Möglichkeit, abzuschalten. Das gelingt dir am besten, wenn du dir einen unkomplizierten Film anschaust oder in einem Magazin blätterst. Allerdings ist dabei dein Kopf immer noch aktiv. Du solltest daher lernen, dich ›leer zu machen‹, was dir (mit viel Geduld und Zeit) am ehesten mit Hilfe von Meditation oder Yoga gelingt.

Deine große Stärke ist es, auf andere Menschen zuzugehen und mit ihnen ein Gespräch zu beginnen. Ähnlich einem Entertainer kannst du ganze Partys unterhalten. Aber auch im Beruf hast du mit mir, dem Merkur im Zeichen Zwillinge, ein großes Plus.

Pass auf, dass du andere nicht mundtot machst. Du denkst und redest so schnell, dass kaum jemand mithalten kann. Werd in geselligen Situationen ruhiger und hör anderen mehr zu! So umgehst du die Schwächen deiner Merkurstellung und stärkst die positive Seite.«

Merkur-Check

Ist man mit diesem Merkur kontaktfähig? Auf andere Menschen zuzugehen macht Spaß und fällt leicht.

Was bringt einen »den Göttern« näher? Sich zu unterhalten, etwas herauszufinden, seine Neugierde zu befriedigen.

Merkur im Zeichen Krebs – Gefühlvolles Denken

Merkurstärken Gefühlvolles, tiefes, ganzheitliches Denken
Merkurschwächen Subjektiv sein

Die Botschaft Merkurs lautet: »Du ›denkst mit dem Bauch‹, deine Gefühle mischen sich unter dein Denken und färben es subjektiv. Zu welchen Schlüssen du kommst und welche Ideen du hast, hängt davon ab, wie es dir gerade geht, was du erlebst, wie du dich fühlst. Erwartungsgemäß weckst du damit bei anderen Menschen (meistens Männern) Kritik und Ablehnung. Man hält dir vor, nicht geradlinig, logisch, abstrakt oder neutral zu denken. Aber aus einer übergeordneten und ganzheitlichen Sicht ist deine Art völlig in Ordnung. Eine Welt nur aus logisch oder empirisch denkenden Menschen wäre unsinnig und überaus langweilig und eintönig. Auch die Wissenschaft beschäftigt sich heutzutage mit dem emotionalen Denken und stellt den davon abgeleiteten Fachbegriff ›EQ‹ (›emotionaler Quotient‹) gleichwertig neben den schon viel länger bekannten ›IQ‹ (›Intelligenzquotient‹). Emotionales Den-

ken ist insofern wichtig, als es mit instinktivem Wissen einher-
geht. Du verfügst über einen Zugang zu Erfahrungen und Erinne-
rungen, die sich im Laufe der Entwicklung der Menschheit
angesammelt haben. Das lässt dich weise, zuweilen sogar allwis-
send sein. Steh daher ruhig zu dir und deiner Art, zu denken. Sie
ist wichtig und ergänzt sich mit den anderen Denkstrukturen.
Dabei solltest du allerdings Offenheit zeigen und deinen Mitmenschen gegenüber nicht auf deinem Denkstil als dem einzig wahr-
haftigen beharren.

Auch dein Sozialverhalten wird stark von deinen Gefühlen
bestimmt. Geht es dir gut, kennst du keinerlei Probleme, auf
andere zuzugehen. Bist du in schlechter Verfassung, willst du niemanden sehen.«

Merkur-Check
Ist man mit diesem Merkur kontaktfähig? Menschen gegenüber, die
man nicht gut kennt, ist man eher zurückhaltend.
Was bringt einen »den Göttern« näher? Bei sich zu sein, sich aus-
drücken zu können, von anderen verstanden zu werden.

Venus – Die Liebe

Die Bedeutung der Venus

Kurz nach Sonnenuntergang – der Westen badet sich noch in goldenem Rot, im Osten kündet stahlblauer Himmel die Nacht an – kann man sie sehen, die Venus. Sie ist so hell, dass man sie manchmal mit den Lichtern eines Flugzeugs verwechselt. Und in Gegenden, die nicht künstlich erleuchtet sind, überkommt den Betrachter bei ihrem Anblick das Gefühl einer außerirdischen Begegnung. Der Tag geht zur Ruhe, Venus läutet den Feierabend ein, jene Zeit, die weder der Arbeit noch dem Schlaf gehört, sondern der Muße – und der Liebe.

Aber Venus verzaubert nicht nur den Abend, sondern auch den Morgen. Denn die Hälfte des Jahres läuft sie, wie wir es von der Erde aus sehen, der Sonne nach, und sie steht dann als Venus des Abends nach Sonnenuntergang noch einige Zeit am Abendhimmel. Die andere Hälfte jedoch läuft sie der Sonne voraus und steigt als Venus des Morgens vor der Sonne über den östlichen Horizont als strahlende Botin des neuen Tages.

Venus oder ihr griechisches Pendant Aphrodite trug den Beinamen »Schaumgeborene« (griechisch *aphrós* = »Schaum«). Einem Mythos zufolge hat Kronos (Saturn[us]), der Vater des Zeus, seinen Vater Uranos mit der Sichel entmannt und das Zeugungsglied bei Zypern ins Meer geworfen. Aus dem Schaum, der sich dabei bildete, ist die Göttin der Schönheit entstanden.

Sie galt als die fruchtbare Patronin des blühenden Frühlings und der überströmenden Frühlingslust. Sie war die Beschützerin der Gärten, Blumen und Lusthaine. Ihre Lieblingsgewächse waren Myrten, Rosen und Lilien, ihre Frucht der Apfel, ihre bevorzugten Tiere Widder, Böcke, Hasen, Tauben und die bunten Schmetterlinge. Vor allem aber war Venus/Aphrodite eine Frau, deren unvergleichliche Schönheit die Männer betörte. Man fand schier kein Ende, all ihre Reize aufzuzählen: göttlicher Wuchs, strahlende Augen, verlockender Blick, rosenknospiger Mund, zierliche Ohren, reizender Busen und dergleichen mehr.

Im Vergleich zu ihr sah ihr hässlicher, hinkender Ehemann Hephaistos, der Gott des Erdfeuers und Schutzgott der Schmiede, ziemlich alt aus, wie man heute sagen würde. Jeder fragte sich, wie diese Schönheit einem so grobschlächtigen Mann zugetan sein konnte, auch Venus selbst: Sie nutzte denn auch jede Gelegenheit zu einem Seitensprung. Der bekannteste und folgenreichste war wohl jener mit Mars, dem Amor entstammte, der spitzbübische Junge mit den heimtückischen Liebespfeilen.

Die schöne Venus bekam ein würdiges Denkmal am Himmel: Das hellste Gestirn wurde nach ihr benannt. Je nach Position kündet Venus als »Abendstern« den Feierabend, vor Sonnenaufgang die nahende Morgenröte an.

»Venus« ist ein anderes Wort für »Liebe, Lust, Zärtlichkeit, Leidenschaft, Zweisamkeit, Anziehung, Nähe, Knistern, Flirten, Sehnsucht, Verschmelzung, Sinnlichkeit« und so fort. Aber jede Venusposition in den Tierkreiszeichen gibt all diesen Facetten der Liebe eine andere Färbung, ein bestimmtes Gewicht, einen spezifischen Glanz.

♀ Das astrologische Symbol besteht aus einem Kreuz und einem Kreis. Letzterer symbolisiert den Geist. Das Kreuz wiederum ist ein Sinnbild für die Materie: Der Kreis steht über dem Kreuz, er lenkt die Materie, führt sie zur Vollendung in der Liebe.

Auf den folgenden Seiten finden sich die bedeutendsten Eigenschaften der Venusposition von Zwillingegeborenen. Bei einer konkreten Anwendung ist wieder zu berücksichtigen, dass die Konstellation durch Verbindungen mit verschiedenen weiteren Gestirnen unter Umständen eine andere Färbung bekommt und im Einzelfall möglicherweise stark von den hier genannten Deutungen abweicht.

Auch die exakte Venusposition kann über die Homepage des Autors heruntergeladen werden (www.bauer-astro.de).

Die Zwillinge und ihre Venuszeichen

Venus im Zeichen Widder – Stürmische Liebe
Venusstärken Spontan, direkt, feurig, leidenschaftlich, begeisterungsfähig, kunstliebend
Venusschwächen Egoistisch, überfordernd, zu einer übereilten Bindung führend, übertrieben, verschwenderisch

Die Botschaft der Venus lautet: »Besonders feinfühlig bist du nicht. Du sagst ohne Verschnörkelung, was du denkst. Dafür hast du auch nichts gegen einen klärenden Krach. Hinterher ist die Luft wieder reiner. Und was zu Bruch geht, war ohnehin nur eine Scheinidylle. Das klingt nach einem einfachen, kindlichen Gefühlsleben. Mag sein. Aber dafür bleibst du jung, erfrischend, charmant und immer für eine Überraschung gut – also ein probates Gegengift bei Langeweile. Und du bist nicht nachtragend. Du kommst leicht in Fahrt, spuckst auch mal Feuer und Galle, aber die Versöhnung ist auch nicht weit – und dann besonders süß.«

Venus-Check
Kann man mit dieser Venus gut allein sein? Eher nicht, aber man kommt schon zurecht.
Braucht man mit dieser Venus Sicherheit? Nicht so sehr, eher Lust, Unterhaltung und Vergnügen.
Besteht diese Venus auf Treue? Nicht ausgesprochen.
Macht diese Venus eifersüchtig? Ja, sogar extrem. Konkurrenten sind unausstehlich.
Findet man leicht einen Partner? Jederzeit. Man braucht nur loszuziehen.

Venus im Zeichen Stier – Praktische Liebe

Venusstärken Erotisch, gemütlich, natürlich, sympathisch, gesellig, unterhaltend, liebesfähig, treu
Venusschwächen Stur, bequem, äußerlich

Die Botschaft der Venus lautet: »Du bist ein ›Wonneproppen‹ und liebst das Leben mit all seinen Verführungen, seiner Schönheit und den unendlichen Sinnenfreuden. Niemals bekommst du genug davon. Und natürlich bist du beliebt: Weil du pragmatisch handelst und den bekannten Sinnspruch, dass Liebe durch den Magen geht, aufs köstlichste unter Beweis stellst. Weil du Geschmack hast und selbst ein Kellerloch in ein gemütliches Kuschelnest zu verzaubern vermagst. Weil du hingabefähig und treu bist und dennoch auf eigenen Beinen stehst. Allerdings braucht deine Liebe Zeit. Du bist kein ›Feuer-und-Flamme-Typ‹. Wahnsinnig stur kannst du auch sein: Was du dir einmal in den Kopf gesetzt hast, ziehst du durch. Aber du bist auch bequem und reagierst oft viel zu spät, wenn der Partnersegen einmal schief hängt.«

Venus-Check

Kann man mit dieser Venus gut allein sein? Nein, man teilt seine Sinnlichkeit lieber mit jemandem.

Braucht man mit dieser Venus Sicherheit? Ja, extrem. Da muss man sogar loslassen lernen.

Besteht diese Venus auf Treue? Keine Frage: Der Partner wird mit niemandem geteilt.

Macht diese Venus eifersüchtig? Ja, und es drohen martialische Eifersuchtsszenen.

Findet man leicht einen Partner? Sicher. Man ist begehrt und hat daher diesbezüglich kaum Probleme.

Venus im Zeichen Zwillinge – Verspielte Liebe

Venusstärken Vielseitig, verspielt, liebenswürdig, starke Leidenschaft, die jedoch beherrscht werden kann, Liebe zur Poesie
Venusschwächen Unruhig, gespalten, unsicher

Die Botschaft der Venus lautet: »Du bist kindlich, verspielt, unschuldig, naiv, göttlich, raffiniert, charmant, unterhaltend. Mit anderen Worten: Du bist eine einzige Überraschung. Liebe mit dir ist ein Flug auf Wolke sieben, ein Traum: so schön wie im wundervollsten Film. Deine Hände können zaubern, deine Stimme ist wie ein warmer, zärtlicher Wind, deine Worte schmeicheln und entführen in die Welt aus Tausendundeiner Nacht.
Die Liebe ist bestimmt der schönste ›Zeitvertreib‹, den es gibt. Aber du bist nicht abhängig von ihr – und schon gar nicht von einem anderen Menschen. Freiheit und Unabhängigkeit sind dir nämlich beinah noch wichtiger: Du hast deinen Mann (bzw. deine Frau) im Inneren; du musst daher mit niemandem zusammenleben und alles teilen. Ganz solo? Schon möglich! Aber hundertprozentig sicher geht es nicht ohne Menschen. Andere entspannen sich vielleicht in den Bergen, in der Badewanne oder im Schlaf. Du hingegen brauchst dein ›Social Life‹: Kontakte, Freunde, Begegnungen, Small Talk. Was dich lebendig hält, sind die Hoffnung und die Chance, dass jeden Augenblick etwas Neues, Unvorhergesehenes passieren kann, vor allem in puncto Liebe.
Einen Schatten hast du auch, nämlich ein kleines ›Monster‹, das dich verfolgt und dir mitten in der schönsten Liebesgeschichte die Laune verdirbt. Damit musst du – und auch dein Partner – leben.«

Venus-Check

Kann man mit dieser Venus gut allein sein? Man kann es, das kommt aber selten vor.
Braucht man mit dieser Venus Sicherheit? Eher nicht. Man kommt immer irgendwie zurecht.
Besteht diese Venus auf Treue? Nein, zumindest nicht absolut.

Macht diese Venus eifersüchtig? Ja, leider, trotz aller Freiheitssuche.

Findet man leicht einen Partner? Mit dieser Venus? Nichts ist leichter als das!

Venus im Zeichen Krebs – Gefühlvolle Liebe

Venusstärken Zärtlich, hingebungsvoll, phantasievoll, kreativ, treu

Venusschwächen Klammernd, unselbständig, wechselhaft, empfindlich, beeinflussbar

Die Botschaft der Venus lautet: »In guten Zeiten bist du strahlend schön und unwiderstehlich erotisch. Unbekümmert wie ein Kind und gleichzeitig von ironischer Distanziertheit, kannst du über alles lachen, am meisten jedoch über die Liebe, dieses absurde, herrliche, verrückte, uralte und ewig neue Spiel, bei dem die Menschen seit Tausenden von Jahren stets die gleichen Fehler machen. Vielleicht zwei Tage später bist du wie umgewandelt: stumm, scheu, abwesend, in dich gekehrt. Sich den Kopf darüber zu zerbrechen, wie man dich wieder zum Lachen bringen könnte, ist zwecklos. In diesem Gemütszustand willst du allein sein. Du willst leiden!

Bist du eine Person mit vielen Gesichtern? Ein Verwandlungskünstler? Einfach nur launisch? Ja, aber vor allem bist du zu hundert Prozent gefühlsbestimmt. Und Gefühle folgen keiner Uhr, sondern sind unberechenbar wie Wetter, Wind oder die Wellen des Meeres. Sich um mehr emotionale Ausgeglichenheit zu bemühen ist daher vergeblich – und wäre zudem ein falscher Weg.

Steh zu deinen Gefühlen. Sie machen deine Liebe aufregend, romantisch und geheimnisvoll. Sie verwandeln die Liebe mit dir in einen göttlichen Akt. Denn deine Liebeskraft ist stärker als alles. Wen du liebst, der wird wie von magischen Fäden angezogen und kann sich irgendwann von dir nicht mehr lösen. Ja, deine Liebe ist auch klammernd und verschlingend. Aber für einen

Platz neben dir sollte man auch alles andere aufzugeben bereit sein.«

Venus-Check
Kann man mit dieser Venus gut allein sein? Nein, zum Alleinsein ist man nicht geboren.
Braucht man mit dieser Venus Sicherheit? Ja, eher zu viel sogar.
Besteht diese Venus auf Treue? Keine Frage, man gibt alles und will alles.
Macht diese Venus eifersüchtig? Natürlich – und wie!
Findet man leicht einen Partner? Jeder träumt von einem Partner mit solch einer Venus.

Venus im Zeichen Löwe – Lustvolle Liebe

Venusstärken Warmherzig, verspielt, stark, leidenschaftlich, feurig, großherzig, treu, stolz, selbstbewusst
Venusschwächen Arrogant, überheblich, verschwenderisch, prahlerisch

Die Botschaft der Venus lautet: »Zurückhaltung? Bescheidenheit? Schamgefühl? So etwas kommt in deinem Repertoire nicht vor. Zumindest dann nicht, wenn es um eine Person geht, die du haben willst (oder die dir schon gehört). Dann wirst du aktiv. Kein Wunder, dass alle den Atem anhalten, wenn du auftrittst. In dir steckt ein Lustobjekt, das gesehen, bewundert, betastet – und verschönert, verziert, gekrönt werden möchte. Liebe geht bei dir durch das Auge und kann nur mit Gold und Diamanten aufgewogen werden. Das soll nicht heißen, dass du jemanden nur des Geldes wegen liebst. Käuflich bist du nicht. Du schaust immer zuerst aufs Herz. Aber irgendein Schutzengel bringt dich just mit solchen Menschen zusammen, die dann in kürzester Zeit zu Geld gelangen. Sieht alles aus, als wärst du irre anspruchsvoll. Stimmt! Aber du bist auch eine Menge wert.
Wo so viel Licht ist, muss es doch auch Schatten geben: In dir

steckt (weiblich) eine Diva bzw. (männlich) ein Pascha. Du willst verwöhnt, verhätschelt, umworben, auf Händen getragen werden. Das ist anstrengend und kann zu Abhängigkeit führen. Kommt es zur Trennung, leidest du wie ein Tier. Dein Stolz verbietet dir, deinen Kummer zu zeigen. Das ist dumm und ungesund und verschlimmert nur das Desaster.«

Venus-Check
Kann man mit dieser Venus gut allein sein? Wenn es sein muss. Aber schöner ist es zu zweit.
Braucht man mit dieser Venus Sicherheit? Nein, eher Anerkennung.
Besteht diese Venus auf Treue? Natürlich, schließlich ist man die oder der Größte.
Macht diese Venus eifersüchtig? Sicher, aber man gibt es nicht zu.
Findet man leicht einen Partner? Man wird gefunden.

Mars – Potent, sexy und dynamisch

Die Bedeutung des Mars

Rötlich funkelnd wie Feuer oder Blut, so präsentiert sich nur ein Gestirn am nächtlichen Himmel: der Planet Mars. Abhängig von seiner Nähe zur Erde verändert sich obendrein die Intensität. Menschen früherer Zeiten erschauerten daher, wenn sein Rot zunahm. Sie sprachen von einem zornigen Auge am Himmel und betrachteten es als böses Omen.

In klassischer Zeit galt Mars als Herr und Beschützer der Kriege. Hinter Mars stecken allerdings nicht nur bedrohliche Eigenschaften: So schickt er zum Beispiel zündende Ideen, verleiht Startkraft und schenkt Courage. Mars sorgt für den richtigen Biss, um sich behaupten und Rivalen aus dem Weg schlagen zu können. Er verleiht die für das Konkurrenzgerangel unerlässlichen »spitzen Ellenbogen« und programmiert auf Sieg. Er verkörpert das Urmännliche, den heldenhaften, schönen Jüngling genauso wie einen sexbesessenen Macho. Mars steht auch einfach für Libido und Potenz. In ganz besonderer Weise verrät die Marsposition die Art und Weise des Eroberungsspiels: Ob man direkt auf jemanden zugeht, abwartet oder gar zum Rückzug bläst, es ist Mars, der die Fäden in der Hand hält.

Mars ist ein absolut männlicher Planet, vielleicht der männlichste überhaupt. Frauen besitzen zwar genau wie Männer ihren Mars, aber eher als Potenzial, als Anlagebild, und neigen dazu, ihn nicht selbst auszuleben, sondern ihn zu projizieren. Sie suchen sich Männer, die ihrem Mars entsprechen. Über diesen Umweg hat er dann doch Anteil an ihrem Leben. Frauen, die Berufe ergreifen, welche früher eher als typisch männlich galten (im Management beispielsweise), leben ihren Mars weitgehend selbst. Er ist der regierende Planet des Widders und weist daher viele Wesenszüge dieses Tierkreiszeichens auf.

♂ Das astrologische Symbol besteht aus einem Kreis und einem Pfeil. Ersterer symbolisiert den Geist, Letzterer die Bewegung. Das Symbol in seiner Gesamtheit steht für einen bewegten und bewegenden Geist.

Auf den folgenden Seiten finden sich die zentralen Eigenschaften der Marsposition in einem Horoskop. Bei einer individuellen Anwendung ist ein weiteres Mal zu berücksichtigen, dass die Konstellation durch Verbindungen mit verschiedenen Gestirnen immer eine andere Nuance bekommen und im Einzelfall auch einmal stark von den hier genannten Interpretationen abweichen kann.

Ihre exakte Marsposition können Sie wieder über die Homepage des Autors herunterladen (www.bauer-astro.de).

Die Zwillinge und ihre Marszeichen

Mars im Zeichen Widder – Impulsiv
Marsstärken Energisch, kühn, mutig, stolz
Marsschwächen Streitsüchtig, egoistisch

Die Botschaft des Mars lautet: »Du verfügst über doppeltes Feuer, bist kämpferisch, mutig und furchtlos. Du machst fast vor nichts halt, bist ein Draufgänger, ein Held und Abenteurer, jemand, der nicht lange fackelt. Du willst nach deiner Fasson leben und sorgst dafür, dass dein Wille geschieht. Allerdings kann es sein, dass du mich (noch) nicht hast zu Wort kommen lassen, dass du dich und andere vor mir schützt, mich vielleicht unterdrückst oder verleugnest. Du hältst dich vielmehr für eine friedliche oder gehemmte Person.

Möglicherweise verspürst du gelegentlich ein inneres Rumoren, es packt dich ein Beben, das in einen völlig unerwarteten Wutausbruch mündet. Wahrscheinlich steigt dir diese eingesperrte Power in den Kopf und macht sich dort schmerzhaft bemerkbar. Sei, wie du bist. Gib nach, verschaff dieser Kraft rechtzeitig Raum – und dir Luft!

Was hilft, ist eine Tätigkeit, die dir möglichst viel Freiheit lässt. Erleichterung findest du auch über sämtliche aktiven Sportarten.

Am wichtigsten aber ist, dass du mit der Zeit mehr und mehr zu mir und damit zu dir stehst, dir mehr zutraust, öfter mal über die Stränge schlägst und dich nicht dafür tadelst, wenn dein ›marsischer‹ Anteil über dich kommt.«

Mars-Check
Wie gut setzt man sich mit diesem Mars durch? Die Voraussetzungen sind exzellent.
Wie aggressiv macht dieser Mars? Sehr, sofern man sich nicht auslebt.
Wie viel Sexpower bekommt man mit ihm? Jede Menge, vorausgesetzt, man unterdrückt sich nicht selbst.

Mars im Zeichen Stier – Beharrlich
Marsstärken Ausdauernd, zäh, sinnlich
Marsschwächen Jähzornig, gierig, stur

Die Botschaft des Mars lautet: »Die Kombination meines Feuers mit der Erde des Stiers verleiht dir die Stärke eines mittleren Erdbebens. Was du anpackst, ziehst du auch durch, denn du hast nicht nur Kraft, sondern bist auch zäh und ausdauernd. Dein Feuer brennt nicht lichterloh, um dann rasch in sich zusammenzufallen. Es gleicht einer beständigen Glut. Darüber hinaus bringt die Begegnung mit mir und dem Stier eine betont sinnliche Komponente in dein Dasein. Als dritte Haupteigenschaft verfügst du über einen enormen Erwerbstrieb: Dein Lebtag lang arbeitest du für Sicherheit, Geld, ein Haus, Luxus oder was auch immer. Du bist dazu geboren, das Fleckchen Erde, auf dem du lebst, in ein blühendes Paradies zu verwandeln.
Möglicherweise führe ich bei dir aber ein Schattendasein, und du kennst mich noch gar nicht richtig. Vielleicht schätzt du dein Leben überhaupt nicht als übermäßig sinnlich ein oder bezeichnest dich sogar als arm. Aber das heißt nur, dass du mich noch nicht gefunden hast. Doch ich bin da. Meine kolossale Kraft, meine Sinnlichkeit und der Zug zum Reichtum schlummern in dir.

Was dir hilft, mich zu aktivieren, sind körperliche Bewegung und Kontakt mit der Natur. Am wichtigsten aber ist, dass du an mich glaubst und in deinem Denken und Handeln Raum für mich schaffst.«

Mars-Check
Wie gut setzt man sich mit diesem Mars durch? Stark wird man bei Angriffen.
Wie aggressiv macht dieser Mars? Sehr, wenn man gereizt wird.
Wie viel Sexpower bekommt man mit ihm? Darüber muss kein Wort verloren werden. Oder höchstens eines: viel!

Mars im Zeichen Zwillinge – Verspielt
Marsstärken Gewandt, neugierig, vielseitig
Marsschwächen Unkonzentriert, zerstreut

Die Botschaft des Mars lautet: »Ich helfe dir dabei, ein unternehmerischer, vielseitig interessierter und talentierter Mensch zu sein. Mein Feuer in Verbindung mit der Luft des Zwillingezeichens macht dich mutig und unerschrocken. Die beiden Elemente ergeben eine sehr günstige Mischung: Feuer braucht Luft. Im übertragenen Sinne bedeutet Luft Kommunikation. Daraus folgt, dass du vitaler, lebendiger und feuriger wirst, sobald du unter Menschen bist. Hingegen dämpft Alleinsein dein Temperament. Oder die Gedanken beginnen zu rotieren, und du kannst deinen Kopf nicht mehr abschalten. Deine ohnehin vorhandene Neugier wird durch mich noch beflügelt. Dein Interesse an allem lässt sich jedoch nur im Kontakt mit deiner Außenwelt ausreichend befriedigen. Allerdings kann es auch sein, dass du mich noch gar nicht richtig entdeckt hast und mich daher nicht ausleben kannst. Dein eigenes Leben kommt dir vielleicht überhaupt nicht übermäßig interessant und abwechslungsreich, sondern eher ziemlich öde vor. Dann ist es höchste Zeit, mich ans Licht zu holen. Du spürst womöglich schon, wie ich in deinem Inneren rumore.

Was dir hilft, mich zu ›wecken‹, sind Atemübungen und viel körperliche Betätigung an der frischen Luft. Am wichtigsten aber ist, dass du an mich glaubst und in deinem Denken und Handeln Raum für mich schaffst.«

Mars-Check
Wie gut setzt man sich mit diesem Mars durch? Auf den Mund gefallen ist man mit ihm auf keinen Fall.
Wie aggressiv macht dieser Mars? Man schimpft höchstens einmal kräftig.
Wie viel Sexpower bekommt man mit ihm? Sex macht Spaß. Man hat viel Lust dazu, übertreibt's aber nicht.

Mars im Zeichen Krebs – Gefühlvoll
Marsstärken Emotional, eruptiv
Marsschwächen Schwierig, gebremst, »zickig«

Die Botschaft des Mars lautet: »Wir beide haben es nicht ganz leicht miteinander. Das Wasser des Krebszeichens kann mein Feuer zum Erlöschen bringen. Dann bist du ein Mensch, der Schwierigkeiten hat, seinen Willen durchzubringen, notfalls mal die Ellenbogen einzusetzen, sich zu behaupten. Denn das sind die Eigenschaften, die ich verleihe. Zugleich aber bist du vermutlich innerlich gespannt, spürst Wut, Frustration und Ungenügen und kannst damit aber nicht richtig herausrücken. Du kannst allerdings auch diese feurigen Eigenschaften in dir transformieren. Du wirst jedoch nicht so direkt und forsch handeln, wie es diese Attribute ungebremst ermöglichen würden. Dafür besitzt du dann aber ein tiefes Gefühlsleben. Du bist so in positivster Weise ein Mensch, der tief in sich hineinschaut und seine Seele wie auch die anderer kennt.
Wenn du mich so lebst und erlebst, bist du ein rezeptiver, kreativer Mensch, einer, der durch sein Mitschwingen mit anderen und sein psychologisches Gespür am Ende genauso viel erreicht wie Menschen mit anderen Marspositionen. Allerdings kann es auch sein,

dass ich bei dir noch ein Schattendasein führe. Du schätzt mich nicht und versuchst, mich durch effektiveres Verhalten zu ersetzen. Nur funktioniert das so eben nicht: Am Ende wirst du noch unsicherer sein.

Steh zu mir, deinem Mars! Lebe mich mit all meinen Widersprüchen. Befass dich mit Psychologie. Das hilft dir, dich selbst besser zu verstehen.«

Mars-Check

Wie gut setzt man sich mit diesem Mars durch? Es fällt einem schwer, sich auf direktem Weg durchzusetzen.

Wie aggressiv macht dieser Mars? Es dauert eine Weile, bis man wütend wird, dann aber richtig.

Wie viel Sexpower bekommt man mit ihm? Man ist sehr erotisch, wenn man sich sicher fühlt.

Mars im Zeichen Löwe – Imposant

Marsstärken Selbstbewusst, herzlich, stolz
Marsschwächen Selbstsüchtig, eitel

Die Botschaft des Mars lautet: »Du verfügst über doppeltes Feuer. Ich, der feurige Planet, begegne dem Löwen, einem dem Element Feuer zugehörenden Zeichen. Feuer trifft also auf Feuer, vereinigt sich, wird zur lodernden Flamme. Da Feuer ein Symbol gleichermaßen für Tatkraft wie geistige Regsamkeit ist, musst du ein dynamischer, unternehmungsfreudiger Mensch sein, dessen Wirken durchdrungen ist von geistiger Weitsicht und Größe. Deinen hohen Ansprüchen, mit denen du um die Durchsetzung deiner Ziele kämpfst, stehen eine einnehmende Herzlichkeit und eine lockere, beinah spielerische Haltung gegenüber. Man könnte meinen, deine Erfolge fielen dir einfach in den Schoß. Aber du bekommst nichts ›gratis‹. Du bist dem Leben und anderen Menschen gegenüber immer hilfsbereit und großzügig, und das gibt dir das Leben zurück. Solltest du dich in diesem Bild nicht wiederfinden und dich vom Leben eher benachteiligt als beschenkt fühlen, führe ich bei dir ein Schattendasein. Du hast mich noch gar nicht richtig entdeckt und kannst mich daher nicht ausleben.

Was dir hilft, mich in Gang zu bringen, ist Bewegung, Tanz, aktiver Sport. Vor allem aber musst du direkter, spontaner und selbstbewusster werden. Du musst dich mit mir in deinem Inneren verbinden – es ist alles da, was du dazu benötigst.«

Mars-Check
Wie gut setzt man sich mit diesem Mars durch? Das bereitet überhaupt keine Probleme.
Wie aggressiv macht dieser Mars? Man lässt sich nicht leicht aus der Ruhe bringen. Ist es aber einmal so weit, dann kracht's.
Wie viel Sexpower bekommt man mit ihm? Starken Partnern schenkt man alles. Schwächlinge schläfern ein.

Mars im Zeichen Jungfrau – Bedacht

Marsstärken Geistig fit, vernünftig, aktiv, arbeitsmotiviert, fleißig
Marsschwächen Zwanghaft, überängstlich

Die Botschaft des Mars lautet: »Feuer und Erde verbinden sich, wenn ich bei der Jungfrau, einem Erdzeichen, Station mache. Feuer und Erde zusammen wecken Aktivität, Arbeitswillen, Genauigkeit und Realitätssinn. Dein Feuer gleicht einer anhaltenden Glut. Das formt dich zu einem Menschen, der gern und gut arbeitet, ausdauernd und präzise ist, strategisch vorgeht und sich nicht unüberlegt in seine Arbeit stürzt. Diese Konstellation macht dich auch vorsichtig. Das kann unter Umständen in Kleinlichkeit und Angst ausarten. Ebenso mag eine übertrieben kritische Haltung sich selbst und anderen gegenüber die Folge sein. Du brauchst daher ein Ventil, etwas, was dir erlaubt, mich ohne zu viel Kontrolle und Analyse ausleben zu können, zum Beispiel beim Sport oder anderen körperlichen Aktivitäten. Auch riskante Freizeitbeschäftigungen (Paragliding, Klettern) sind für uns beide geeignet: Du passt nämlich gut auf dich auf, und meinen Ansprüchen geschieht Genüge. Das wiederum kommt, zusammen mit der Jungfrauenergie, deinem Schaffen zugute.

Du solltest auch einen Weg finden, deine Wut und deine Verletzungen besser zu zeigen. Du neigst nämlich dazu, deine Aggressionen zu unterdrücken und irgendwo zu ›bunkern‹ – bis dann das Maß voll ist und du wegen einer Kleinigkeit explodierst.«

Mars-Check

Wie gut setzt man sich mit diesem Mars durch? Das fällt leider nicht leicht.

Wie aggressiv macht dieser Mars? Es dauert eine ganze Weile, bis es zur Explosion kommt.

Wie viel Sexpower bekommt man mit ihm? Man ist weder Hengst noch Schnecke. Auf jeden Fall macht Erfolg sexy.

Mars im Zeichen Waage – Charmant

Marsstärken Lebhaft, gesellig, beliebt, ausgleichend, korrekt
Marsschwächen Ausschweifend, untreu, unmäßig

Die Botschaft des Mars lautet: »In dieser Position vereinigen sich mein Feuer und die Luft der Waage. Davon profitieren beide Elemente, und sie werden aufgewertet. Du bist daher ein leichter, ›luftiger‹ Mensch von sanguinischem Temperament und besitzt die Gabe, andere rasch für dich einzunehmen. Dein Auftreten ist charmant, einfühlsam, zuvorkommend. Ein weiteres Plus dieser Position ist ein guter Geschmack und künstlerisches Talent.

Mit mir im Zeichen Waage wirst du zu einem Streiter für Frieden und Ausgleich. Wo immer Ungerechtigkeiten und Zwietracht herrschen, fühlst du dich aufgerufen, zu schlichten und zu versöhnen. Zuweilen breche ich aber auch bei dir in all meiner Heftigkeit durch, nämlich dann, wenn du zu lange versucht hast, mich zu kontrollieren und zu unterdrücken.

Mit mir kommt auch dein Denken schwer in Gang. Du glaubst, alle Probleme mit dem Kopf lösen zu können. Wichtig ist, dass du dir für ›deinen Mars‹ ein Ventil suchst. Man kann mich nicht zu permanenter Friedfertigkeit verdonnern. Aber wenn du mich anderweitig lebst, beim Sport, bei abenteuerlicher Freizeitgestaltung, dann gelingt es dir besser, mich für deine pazifistischen Missionen einzuspannen.«

Mars-Check
Wie gut setzt man sich mit diesem Mars durch? Als guter Taktiker beißt man sich durch.
Wie aggressiv macht dieser Mars? Der Grundtenor ist friedlich. Gelegentliche Eruptionen sind nicht ausgeschlossen.
Wie viel Sexpower bekommt man mit ihm? Sex ist da. Gesucht aber wird geistiges Verstehen.

Mars im Zeichen Skorpion – Leidenschaftlich
Marsstärken Kraftvoll, ausdauernd, hartnäckig, furchtlos, mutig
Marsschwächen Lasterhaft, rachsüchtig

Die Botschaft des Mars lautet: »Dir steht durch mich eine besondere, eine starke, vitale Kraft zur Seite. Du bist ausgesprochen zäh, wenn es um die Verwirklichung eines Zieles geht, an dem dir auch emotional liegt. Selbst Mühen und Unannehmlichkeiten, mit denen sich andere Menschen nicht belasten würden, nimmst du dann gern in Kauf. Nicht verwunderlich, dass diese Hartnäckigkeit mitunter zu außerordentlichen Leistungen führt! Dennoch bist du kein Kraftprotz, einer, der die Muskeln spielen lässt und bei jeder Gelegenheit zeigen will, was er draufhat.
Der Skorpion ist vom Element her ein Wasserzeichen. Daher ist meine Kraft nicht auf äußere Wirkung aus. Meine Power geht nach innen. Diese Position führt dazu, dass du instinktmäßig weißt, wann dein Einsatz erforderlich ist, wann etwas Bedeutsames und Wichtiges ansteht und erledigt werden muss: Dann wirst du zum

›Helden‹. Daher ist dir zu raten, entsprechende Herausforderungen zu suchen und anzunehmen. Nur dann stehe ich voll auf deiner Seite. Ohne solche Kicks wirst du eher müde und lustlos reagieren. In der Verbindung zwischen Skorpion und mir besteht eine starke Neigung zur Zerstörung. Das ist immer dann gut, wenn etwas alt, verbraucht, überholt und ein neuer Anfang angezeigt ist. Aber hüte dich vor sinnloser Destruktion!

Mit dieser Konstellation verfügst du auch über eine kolossale Sexpower. Du bist leidenschaftlich, triebstark und letztendlich beseelt von der Idee, Nachwuchs in die Welt zu setzen.«

Mars-Check
Wie gut setzt man sich mit diesem Mars durch? Man operiert mit seiner Power indirekt und drückt so seinen Willen durch.
Wie aggressiv macht dieser Mars? Der Zerstörungskraft sind kaum Grenzen gesetzt.
Wie viel Sexpower bekommt man mit ihm? Mehr als alle anderen.

Mars im Zeichen Schütze – Temperamentvoll
Marsstärken Schlagfertig, gerecht, begeisterungsfähig, klar und offen
Marsschwächen Streitbar, aggressiv, beleidigend

Die Botschaft des Mars lautet: »Hier trifft Feuer auf Feuer, denn sowohl ich als auch der Schütze sind ihrer Natur nach feurig. Eine lodernde Flamme entsteht. Und im Zeichen Schütze manifestiere ich mich mit besonderer Intensität. Da Feuer ein Symbol gleichermaßen für Tatkraft wie geistige Regsamkeit ist, wirst du ein dynamischer, unternehmungsfreudiger Mensch, dessen Wirken durchdrungen ist von geistiger Weitsicht und Größe. Dein Handeln und Wirken wird stark von Idealen geleitet: von Gerechtigkeit, Ritterlichkeit und Fairness. Du bist leicht zu begeistern und, einmal in Schwung, kaum zu bremsen. Was du brauchst, sind ein Ziel, eine Hoffnung, eine Perspektive, sonst erlischt dein Feuer.

Allerdings kann es auch sein, dass dein Mars noch ein Schattendasein führt, dass du mich noch gar nicht richtig entdeckt hast. Vielleicht meinst du, keineswegs feurig oder übermäßig aktiv zu sein,
sondern erlebst dich eher als passiven Zeitgenossen. Dies hieße
dann, dass du einen Teil deines Selbst negierst – und dich auf die
Suche nach mir, deinem Mars, begeben solltest.

Was dir hilft, mich zu initiieren, sind Bewegung, Tanz, aktiver
Sport und Reisen. Vor allem aber solltest du direkter, spontaner
und selbstbewusster werden. Du musst dich mit mir in deinem
Inneren verbinden. Es ist alles vorhanden, was du brauchst.«

Mars-Check
Wie gut setzt man sich mit diesem Mars durch? Das klappt gut,
solange Fairness herrscht.
Wie aggressiv macht dieser Mars? Zu streiten lohnt sich nur für
eine gute Sache.
Wie viel Sexpower bekommt man mit ihm? Mit Sex ist man dem
Himmel nah.

Mars im Zeichen Steinbock – Hartnäckig

Marsstärken Verantwortungsvoll, geduldig, zäh,
mutig, tatkräftig
Marsschwächen Eigenwillig, missmutig

Die Botschaft des Mars lautet: »Das ist eine Verbindung von Feuer
und Erde, da der Steinbock zu den Erdzeichen zählt. Feuer und Erde
zusammen wecken Arbeitswillen, Genauigkeit und Realitätssinn.
Dein Feuer brennt nicht lichterloh (um sich dann rasch zu verzeh-
ren), sondern lang anhaltend wie eine wohlgeschürte Glut. Das macht
dich zu einem Menschen, der gern und gut arbeitet, ausdauernd und
präzise ist, strategisch vorgeht und sich nicht unüberlegt in seine
Arbeit stürzt. Du bist auch extrem widerstandsfähig. Man kann dich
mit einem Diamantbohrer vergleichen, der sich in eine Sache unauf-
haltsam hineinfrisst. Und du bist erfolgreich. Du verfügst über die

entsprechende Motivation und ein Gespür für Machtverhältnisse. Diese Konstellation bedeutet aber auch, dass ein Wandel vonstattengehen muss. Aus einer impulsiven, feurigen, leicht erregbaren, leidenschaftlichen Energie wird eine kontrollier- und regelbare Kraft, die sich einer höheren Absicht fügt und dem Allgemeinwohl dient. Du darfst allerdings die ursprüngliche Qualität von mir, deinem Mars, nicht vollständig verlieren. Das würde zu Aggressionsstau und unter Umständen sogar zu gesundheitlichen Problemen führen.

Es ist also wichtig, dass du dir für die transformierten Eigenschaften ein Ventil suchst. Wenn du sie anderweitig lebst, beim Sport oder bei abenteuerlicher Freizeitgestaltung, dann gelingt es dir besser, mich für deine höheren Zwecke einzuspannen.«

Mars-Check

Wie gut setzt man sich mit diesem Mars durch? Harte Arbeit führt zum Ziel.

Wie aggressiv macht dieser Mars? Eigentlich ist man friedlich, lässt sich aber ungern provozieren.

Wie viel Sexpower bekommt man mit ihm? Wenn die Verhältnisse stimmen, kommt es zu Gipfelerlebnissen!

Mars im Zeichen Wassermann – Einfallsreich

Marsstärken Aufgeweckt, innovativ, selbständig, schöpferisch
Marsschwächen Prahlerisch, eingebildet

Die Botschaft des Mars lautet: »Es vereinigen sich Feuer (Mars) und Luft (Wassermann). Diese Kombination kommt beiden Elementen zugute und wertet sie auf. Du bist daher ein leichter, ›luftiger‹ Mensch, der über die Gabe verfügt, andere für sich einzunehmen. Dein Auftreten ist charmant, einfühlsam und zuvorkommend. Alltag, graues Einerlei, tägliche Routine sind dir ein Greuel. Du möchtest Neues erschaffen, eingefahrene Gleise verlassen, originell und schöpferisch sein. Freiheit ist für dich überaus wichtig. Du arbeitest besser, wenn dich nicht ständig jemand gängelt. Du bist der geborene ›Freelancer‹. Dein ausgeprägtes Improvisationstalent ermöglicht dir, originelle und unkonventionelle Lösungen zu finden, wenn du nicht durch Vorgaben eingeschränkt wirst. Auch in Beziehungen wird es schnell zu eng. Eine Ehe bereitet dir ebenfalls Probleme; du fühlst dich unfrei, wie ›eingesperrt‹.

Vielleicht aber entspricht diese Charakterisierung nicht deinem Selbstbild: Weder schätzt du dich als unabhängig oder freiheitsliebend noch als übermäßig schöpferisch ein. Dann ist zu vermuten, dass dein Mars noch auf seine Entdeckung wartet. Mach dich auf die Suche!

Was dir hilft, mich zu aktivieren, ist Bewegung, vor allem Tanz. Noch wichtiger aber wird es sein, unkonventioneller und spontaner zu werden. Du musst dich mit mir in deinem Inneren verbinden. Es ist alles da, was du dazu benötigst.«

Mars-Check

Wie gut setzt man sich mit diesem Mars durch? Genialität ist vorhanden, aber nicht unbedingt Durchsetzungskraft.

Wie aggressiv macht dieser Mars? Ein solches Verhalten ist undenkbar.

Wie viel Sexpower bekommt man mit ihm? Sex ist schön, aber längst nicht alles.

Mars im Zeichen Fische – Abwartend

Marsstärken Empfänglich, intuitiv, einfühlsam, kreativ
Marsschwächen Willensschwach, beeinflussbar, leicht zu täuschen

Die Botschaft des Mars lautet: »Mein Feuer und das Wasser der Fische treffen aufeinander. Das kann dazu führen, dass das Feuer zunächst einmal erlischt. Dann bist du ein Mensch, der Schwierigkeiten hat, seinen Willen durchzusetzen, die ›Ellenbogen‹ zu benutzen, sich zu behaupten – denn all dies sind Eigenschaften, die ich, der Planet Mars, verleihe. Gleichzeitig fühlst du dich jedoch innerlich gespannt, spürst Wut, Frustration und Ungenügen, aber du kannst damit nicht richtig herausrücken.

Es gibt allerdings auch die Möglichkeit, diese Qualitäten durch die Fischequalitäten zu transformieren. Du wirst dann zwar noch lange nicht so direkt und forsch handeln können, wie es die ungebremsten Eigenschaften ermöglichen würden. Dafür gewinnst du eine andere Fähigkeit, nämlich ein kolossales Gespür. Das Fischezeichen ist seinem Wesen nach transparent, es besitzt keine klaren Grenzen, versetzt daher in die Lage, sich universell zu vernetzen. Du hast also eine Art sechsten Sinn, spürst andere Menschen, die sich nicht einmal in der Nähe aufhalten.«

Mars-Check

Wie gut setzt man sich mit diesem Mars durch? Das macht Probleme. Es gelingt nur dann wirklich, wenn man von der Sache hundertprozentig überzeugt ist.

Wie aggressiv macht dieser Mars? Es dauert ewig, bis man aus der Haut fährt.

Wie viel Sexpower bekommt man mit ihm? Sex ist wunderbar, aber er ist nicht alles.

Jupiter – Innerlich und äußerlich reich

Die Bedeutung Jupiters

Nachts, wenn Venus nicht mehr (oder noch nicht) am Himmel leuchtet, ist Jupiter eins der hellsten Gestirne überhaupt. Kein Wunder daher, dass er unseren Vorfahren, die der Nacht in viel umfassenderem Maße ausgeliefert waren als wir heute in unserer künstlich erhellten Zeit, ein Symbol für Hoffnung, Trost, Stimmigkeit und Gerechtigkeit war. Oft verband man ihn mit der obersten Gottheit.

So auch in der griechischen Mythologie, auf die sich die Symbolik der Astrologie entscheidend bezieht. Jupiter heißt bei den Griechen ›Zeus‹, und über ihn gibt es unzählige Mythen. So war er es, der gegen seinen grausamen Vater Saturn(us) bzw. Kronos, den obersten der Titanen, antrat und ihn besiegte. Saturn hatte nämlich außer Zeus alle seine Nachkommen aufgefressen, weil ihm geweissagt worden war, dass ihn eines seiner Kinder vom Throne stoßen würde. Rheia, Zeus' Mutter, versteckte ihren Sohn vor dem Vater, und die Prophezeiung erfüllte sich: Zeus entthronte ihn und warf ihn in den Tartaros.

Andere Geschichten über Jupiter/Zeus erzählen eher Delikates. So gelüstete es den obersten Gott immer wieder nach weltlichen Frauen, die er durch List dazu brachte, mit ihm zu schlafen und Kinder von ihm zu empfangen. Bei Leda zum Beispiel verwandelte er sich in einen Schwan und zeugte mit ihr Pollux. Auch Herakles und Dionysos entstammten seinem gemeinsamen Lager mit sterblichen Frauen. Gezeugt durch den unsterblichen Jupiter, erlangten seine Kinder ebenfalls das ewige Leben.

Die Position Jupiters im Horoskop verweist daher einerseits auf tiefe Einsichten: Jupiter sorgt dafür, dass einem »ein Licht aufgeht«, man letzten Endes weise wird. Auf der anderen Seite verkörpert er eine Gestalt, der eine unendlich große Liebe zukommt. Sinnbildlich gesprochen, sehnt sich der Mensch danach, sich mit dem göttlichen Jupiter zu vereinigen, um Kinder (symbolisch für Ideen und Taten) zu gebären, die unsterblich sind.

Des Weiteren symbolisiert Jupiter den große Helfer, Heiler und Versöhner. Dort, wo er im Horoskop steht, findet der Mensch Kräfte, sich und andere zu trösten und zu stärken. Am bekanntesten ist Jupiter in der Astrologie aber deswegen, weil er das Glück verheißt.

♃ Das astrologische Symbol Jupiters besteht aus einem Halbkreis (er repräsentiert seelische Empfänglichkeit) und einem Kreuz, das wieder die Materie symbolisiert. Der Halbkreis neben dem Kreuz bedeutet: Das Seelische und die Materie gelten als gleichwertig, keines überragt das andere.

Wie zuvor bei Aszendent, Mond, Venus und Mars lässt sich die genaue Jupiterposition eines Horoskops mit Hilfe der Website des Autors ermitteln (www.bauer-astro.de).

Die Zwillinge und ihre Jupiterzeichen

Jupiter im Zeichen Widder – Das Glück der Inspiration
Jupiterstärken Selbstvertrauen, Optimismus
Jupiterschwächen Prahlerei

Die Botschaft Jupiters lautet: »Glück ist für dich die Möglichkeit, deinen Willen und deine Impulse spontan und unmittelbar umsetzen zu können. Du bist ein Abenteurer, in Wirklichkeit wie im Geiste. Du möchtest wie Kolumbus die Welt entdecken. Und wie Einstein, Hildegard von Bingen oder Galileo Galilei den Gipfel menschlicher Erkenntnis erreichen. Wenn du dich bewegst, geistig wie körperlich, bist du deinem Schöpfer am nächsten. Stillstand hingegen führt zur Resignation; du fühlst dich fern vom großen Ganzen.

Durch deine optimistische und positive Weltauffassung bist du dafür bestimmt, anderen voranzugehen oder ihnen den Weg zu weisen. Es schlummert auch ein Heiler und Prophet in dir, der im Laufe deines Lebens geweckt werden will. Bevor du allerdings selbst ein Heiler sein kannst, brauchst du Persönlichkeiten, die dir auf deinem Weg ein Vorbild sind. Mit der Gabe, andere zu führen, musst du behutsam umgehen. Hüte dich davor, sie zu blenden oder sich über ihr Unwissen zu erheben. Du darfst die Demut nie verlieren, und du darfst nicht vergessen, dass du selbst auch ein Suchender bist.«

Jupiter-Check
Wie wird man mit Jupiters Hilfe innerlich und äußerlich reich? Durch Handeln, Reisen, Unternehmungen, Initiativen.
Wie lässt sich mit diesem Jupiter helfen und heilen? Durch Körpertherapie, Yoga, Sport, Wärme, Motivation anderer, tatkräftiges Unterstützen, Zusprechen von Mut.

Jupiter im Zeichen Stier – Das Glück der Erde
Jupiterstärken Geduld, Großzügigkeit
Jupiterschwächen Bequemlichkeit

Die Botschaft Jupiters lautet: »Dein Glück liegt im ungestörten Genuss. Überfluss und Sicherheit bedeuten für dich die Erfüllung deiner Wünsche. Du bist geduldig. Wie ein Gärtner sorgfältig Samen und Pflanzen hegt, damit sie zur vollen Größe heranwachsen können, so überwachst du dein Hab und Gut, deine Anlagen und Talente und entwickelst sie zur vollen Reife. Der Vergleich mit dem Gärtner ist auch in anderer Hinsicht passend. Denn du liebst die Natur. Eine Waldlichtung im Frühling erscheint dir wie ein Dom, und du bist deinem Schöpfer vielleicht näher als in einer Kirche. Die Natur zeigt die Ordnung, Stimmigkeit und Erfüllung. Und die Natur heilt. Sie heilt dich, wenn du erschöpft oder krank bist. Du brauchst dich nur unter einen Baum zu legen, und du fühlst dich sofort besser. In der Natur findest du aber auch die Stoffe, um andere zu heilen. Nahrung, Heilkräuter, homöopathische Essenzen: Alles erhält durch Jupiter eine höhere Potenz, heilt und macht ganz.

Wovor du dich hüten musst, ist, Besitz zu horten. Ein Baum sammelt nicht die Erde, die ihn hält, er benutzt sie, um in den Himmel zu wachsen.«

Jupiter-Check
Wie wird man mit Jupiters Hilfe innerlich und äußerlich reich?
Durch Geduld und Nähe zur Erde. Durch materiellen Wohlstand. Durch Liebe und Sinnlichkeit.
Wie lässt sich mit diesem Jupiter helfen und heilen? Mit den Heilkräften der Natur.

Jupiter im Zeichen Zwillinge – Das einfache Glück
Jupiterstärken Begeisterungsfähigkeit
Jupiterschwächen Ruhelosigkeit

Die Botschaft Jupiters lautet: »Dein Glück findest du im Alltäglichen, auf einem Wochenmarkt, im Zug, bei einer Unterhaltung mit Freunden und Bekannten. Aber auch zu Menschen, die du noch nicht kennst, findest du rasch einen Bezug und große Nähe. Dieses ›kleine Glück‹ bedeutet dir mehr, als nach großer und absoluter Erfüllung zu suchen. Du verfügst über eine enorme sprachliche Begabung, kannst gut schreiben, formulieren und sprechen.
Um dich wohl zu fühlen, brauchst du die Geselligkeit, verbalen Austausch und lebendige Kommunikation. Unter Menschen findest du zu dir und fühlst dich aufgehoben. Allein hingegen verlierst du deine innere Sicherheit und den tiefen Glauben, dass alles sinnhaft ist und von einem höheren Willen getragen wird. Daher ist es auch deine Aufgabe, andere miteinander zu verbinden, damit sie sich nicht als isoliert erleben. Der Mensch ist ein soziales Wesen. Er wächst in einer Familie auf, schafft sich später seine eigene Familie, seine Arbeitswelt, seine Freunde. Du bist auf der Welt, um andere aus ihrer Einsamkeit zu befreien, in die sie irrtümlicherweise geraten sind.«

Jupiter-Check

Wie wird man mit Jupiters Hilfe innerlich und äußerlich reich? Im Kleinen, in den Dingen, die sich im Umfeld befinden. Und in der Begegnung mit anderen.

Wie lässt sich mit diesem Jupiter helfen und heilen? Durch gute Worte, aufmunternden Zuspruch, durch Zuhören und Teilnahme. Durch Verbinden und Vernetzen.

Jupiter im Zeichen Krebs – Das Glück der Geborgenheit

Jupiterstärken Suggestivwirkung, Phantasie
Jupiterschwächen Gefühlspathos, Missbrauch

Die Botschaft Jupiters lautet: »Wenn du fühlst, bist du. Man kann dich einen ›Seelentaucher‹ nennen, denn deine liebste Beschäftigung ist es, dich in deine eigene oder die Seele anderer zu vertiefen. Eine gesunde und heile Psyche ist für dich unerlässlich, um zufrieden zu sein. Auch Menschen aus deinem Umfeld wenden sich an dich, weil sie intuitiv spüren, dass du ihnen helfen kannst, ihr Innenleben zu heilen.

In der Familie siehst du den Anfang allen Glücks, aber auch allen Elends. Sosehr du sie schätzt, so fern liegt es dir, nur dein eigenes Nest zu bewundern. Im Gegenteil, fremde Sitten und Gewohnheiten sind dir ebenso wichtig wie die eigenen. Am liebsten würdest du in einer Gemeinschaft leben, die von Menschen unterschiedlichster Herkunft getragen wird.

›Geborgenheit‹ ist für dich kein leeres Wort, sondern ein anderer Ausdruck für ›Erfüllung‹, ›Heimat‹, ›Göttlichkeit‹ und ›Ewigkeit‹. Wie ein Seismograph erspürst du daher Unstimmigkeiten in deinem Umfeld, die disharmonisch sind und den Frieden stören können. Deine großen heilerischen Fähigkeiten ermöglichen es, solche Störungen sichtbar zu machen. Hüten musst du dich aber davor, als Retter aufzutreten. Du bist wahrhaftig, wenn du alles einfach nur geschehen lässt.«

Jupiter-Check
Wie wird man mit Jupiters Hilfe innerlich und äußerlich reich? Im
Fühlen, in der Liebe, im Geben, in der Familie, in der Vergangen-
heit, bei den Ahnen.
Wie lässt sich mit diesem Jupiter helfen und heilen? Durch aufde-
ckende Gespräche.

Jupiter im Zeichen Löwe – Das Glück der Herzensfreude
Jupiterstärken Herzenswärme, Großmut
Jupiterschwächen Eitelkeit, Dünkel

Die Botschaft Jupiters lautet: »Glück bedeutet für dich, dass du die
Möglichkeit hast, spontan und großzügig schenken zu können.
Äußere Werte sind dir deshalb nicht unwichtig, denn nur wer hat,
kann auch geben. Aber du bist absolut kein Materialist, im Gegenteil: Wenn du nach Macht und Einfluss strebst, dann nicht in erster
Linie um persönlicher Vorteile willen, sondern weil du überzeugt
bist, anderen etwas geben zu können. Du verbreitest Optimismus.
Deine Bestimmung ist es, anderen die Freude am Leben zu zeigen.
So wie ich, dein Jupiter, einst die Schreckensherrschaft Saturns
beendet habe und den Menschen eine gütigere, gerechtere Zeit
brachte, so bist du auf der Welt, um Menschen zu erheitern, Sorgen und Kummer zu vertreiben.
Hüten musst du dich vor Stolz und Überheblichkeit. Bleib gütig!
Trag das Feuer der Freude unter die Menschen, aber achte darauf,
dass du niemanden damit verbrennst!«

Jupiter-Check
Wie wird man mit Jupiters Hilfe innerlich und äußerlich reich?
Durch lebendige Teilnahme am Leben, Großzügigkeit und die
Kraft des Herzens.
Wie lässt sich mit diesem Jupiter helfen und heilen? Indem man
anderen das Leben als nährenden Urgrund zeigt, als göttlichen
Spielplatz.

Jupiter im Zeichen Jungfrau – Das Glück der Unschuld
Jupiterstärken Engagement, Bescheidenheit
Jupiterschwächen Zersplitterung

Die Botschaft Jupiters lautet: »Glück ist für dich die einfachste Sache der Welt, es liegt vor der Tür, es braucht nur gefunden und aufgehoben zu werden. Einzige Voraussetzung: Man muss unschuldig sein wie ein Kind. Du bist daher auch kein Freund großangelegter und sich ewig hinziehender Expeditionen auf der Suche nach dem Glück. Entweder es ist hier – oder nirgends.

Insbesondere die Natur ist dir ein genialer Lehrmeister. Die Folge der Jahreszeiten, das Ineinandergreifen von Phasen des Wachstums und der Stagnation: Das alles ist für dich ein Ausdruck göttlicher Ordnung, die sich tagtäglich und jahraus, jahrein wiederholt. Auf besondere Weise faszinieren dich aber auch die Vorgänge im Zusammenhang mit dem menschlichen Körper. Dieses tagtägliche Wunder von Nahrungsaufnahme und Verwandlung in Leben, das Zusammenwirken tausender Prozesse – all dies sind für dich sinnhafte Beweise göttlichen Wirkens.

Deine Kenntnisse befähigen dich zum Heiler. Schon durch deine Nähe initiierst du bei anderen die Genesung. Wovor du dich hüten musst, ist, dein Wissen zu missbrauchen. Wirke durch gutes Beispiel und nicht durch Besserwisserei!«

Jupiter-Check
Wie wird man mit Jupiters Hilfe innerlich und äußerlich reich? Im alltägliche Tun, bei der Arbeit, im Gefühl der Ordnung.
Wie lässt sich mit diesem Jupiter helfen und heilen? Durch bewusste Ernährung, das Studium von Körper und Geist und Lernen von der Natur.

Jupiter im Zeichen Waage – Das Glück der Liebe
Jupiterstärken Toleranz, Lebenskunst
Jupiterschwächen Eitelkeit, Genusssucht

Die Botschaft Jupiters lautet: »Glück findest du in der Kraft der Liebe. Du brauchst nicht einmal selbst unmittelbar daran teilzuhaben. Auch wenn andere Menschen sie entdecken, fühlst du dich angenommen, zu Hause, eins mit der Schöpfung. Noch göttlicher ist es natürlich, wenn Amor dich selbst trifft. Auf einer Wolke schwebst du, im Paradies bist du angekommen … Liebe ist deiner Meinung nach Ursprung und Ziel allen Seins. Gott ist die Liebe, und das Leben entspringt aus ihr. Der Liebe gibst du alles. Umgekehrt beschenkt sie dich auch. Du kannst andere tief berühren, trösten, erfreuen und aufbauen.

Auch der Kunst gehört dein Herz. Allerdings zählt für dich nur das dazu, was von Liebe getragen ist und Harmonie und Stimmigkeit ausdrückt. Im Grunde schlummert in dir selbst ein Künstler, der darauf wartet, seine Fähigkeiten zum Fließen bringen zu können. Wovor du dich hüten musst, ist, dich von Liebe und Harmonie einlullen zu lassen. Alles im Leben hat zwei Seiten. Zur Liebe gehört Auseinandersetzung und zur Harmonie Spannung. Nur wenn du das Gleichgewicht zwischen beiden Seiten findest, ist die Liebe vollendet.«

Jupiter-Check
Wie wird man mit Jupiters Hilfe innerlich und äußerlich reich? Indem man verzeiht, liebt, empfangen und geben kann.
Wie lässt sich mit diesem Jupiter helfen und heilen? Allein die Nähe heilt, und Berührungen sind eine Wohltat.

Jupiter im Zeichen Skorpion – Das Glück der Tiefe
Jupiterstärken Tiefgründigkeit, Spiritismus
Jupiterschwächen Exaltiertheit, Despotismus

Die Botschaft Jupiters lautet: »Glück findet sich deiner Meinung nach auf dem Grund aller Dinge, nicht an der Oberfläche. Dieses Wissen habe ich dir verliehen. Du sollst es weiterverbreiten. Was die Welt zusammenhält, ist der ewige Kreislauf von Zeugung, Geburt, Leben und Tod. Alles war schon immer, und alles wird immer sein. Daher musst du dich in besonderer Weise solcher Angelegenheiten annehmen, die ausgegrenzt werden aus dem Ganzen, aber dazugehören. Zum Beispiel ist für dich der Schatten ein notwendiger Teil des Lichts. Du fühlst dich daher veranlasst, dich für Schwächere einzusetzen oder aus der Gesellschaft Ausgeschlossene zu unterstützen. Du weißt instinktiv, dass es dem Leben schadet, wenn nicht alle Seiten integriert werden.

Mein heilendes Jupiterfeuer lodert in dir sehr stark. Wie Pollux einst seinem toten Bruder Castor in die Unterwelt folgte, um ihn zu retten, bist du bereit, die größten Unannehmlichkeiten auf dich zu nehmen, damit das Leben keinen Teil verliert. Du bist daher der geborene Retter und Heiler, gleich, ob du diese Gaben in einem Beruf ausübst oder sie als selbstverständlichen Beitrag in deinen Alltag einbringst. Wovor du dich hüten musst, ist, dem Dunklen und Schatten zu sehr zu verfallen – und das Helle nicht mehr klar zu sehen.«

Jupiter-Check
Wie wird man mit Jupiters Hilfe innerlich und äußerlich reich? Indem man das Offensichtliche hinterfragt, in die Tiefe geht, abwartet und einfach *ist*.
Wie lässt sich mit diesem Jupiter helfen und heilen? Indem man sich derer annimmt, die ein Schattendasein führen.

Jupiter im Zeichen Schütze – Das Glück der Weisheit

Jupiterstärken Idealismus, Glaube, religiöse Erfahrung,
Sinnsuche

Jupiterschwächen Schwärmerei, Naivität, Dogmatismus

Die Botschaft Jupiters lautet: »Du bist auf der Welt, um das Glück
zu suchen. In dir lebt die Geschichte aller fahrenden Völker fort,
der Nomaden und Boten, herumziehenden Bader, Gaukler, Barden und Geschichtenerzähler. Letztlich ist es die Suche nach dem
Heiligen Gral, nach Erleuchtung, der blauen Blume, der Quintes-
senz der Alchemie. Glaube ist für dich Realität, Gott ist nicht
irgendwo unerreichbar, sondern überall. Auf dem Weg zu sein ist
für dich das Ziel.

So verbreitest du die Wahrheit des Vielen und nicht die des Einen.
Deswegen bist du so tröstlich für diese Welt: Denn du hast immer
noch eine Perspektive, siehst immer noch eine Möglichkeit. Nichts
ist für dich aussichtslos: Viele Wege führen nach Rom, und kein
Problem ist so groß, dass es nicht doch eine Lösung gäbe.

Das Feuer, das ich, dein Jupiter, dir in die Hände gebe, heißt Weisheit. Wovor du dich allerdings hüten musst, ist, das Kind mit dem
Bade auszuschütten. In deinem heilsamen Krieg gegen die Blind-
heit der Menschen läufst du Gefahr, selbst blind und einseitig zu
werden.«

Jupiter-Check

Wie wird man mit Jupiters Hilfe innerlich und äußerlich reich?
Durch die Suche nach Sinn und Göttlichkeit.

Wie lässt sich mit diesem Jupiter helfen und heilen? Durch eine
Lebensweise, die Hoffnung verbreitet.

Jupiter im Zeichen Steinbock – Das Glück des Erfolgs
Jupiterstärken Führungsqualität, Ausdauer
Jupiterschwächen Lehrmeisterei

Die Botschaft Jupiters lautet: »Glück ist für dich, deine Arbeit getan zu haben und Ruhe und Sammlung dankbar zu genießen. Glück ist für dich aber auch, sich einer Sache vollständig zu verschreiben, ihr zu gehören, bis sie vollbracht ist. Darin gleichst du einem Bergsteiger, der nicht eher ruht, als bis er auf dem Gipfel steht und dort nach dem nächsten Ausschau hält. Du bist ein Mensch, der sich selbst antreiben und motivieren kann.

Ich, dein Jupiter, befähige dich auch, zu einem Führer zu werden, einem, der anderen vorausgeht. Um das zu leisten, was dein Karma ist, brauchst du Kraft, Ausdauer und Zähigkeit. Du bist hart zu dir selbst, weil du weißt, dass deine Ziele keine Schonung dulden. Das Gleiche erwartest du allerdings auch von anderen, was manchmal dazu führt, dass diese dich fürchten und dir aus dem Weg gehen. Daher ist es für dich wichtig, zu erkennen, dass nicht alle Menschen aus dem gleichen (harten) Holz geschnitzt sind wie du. Entwickle Geduld, Nachsicht und Toleranz für deine Mitmenschen, und du wirst eines Tages den höchsten Berg bezwingen, nämlich den der Weisheit.«

Jupiter-Check
Wie wird man mit Jupiters Hilfe innerlich und äußerlich reich? Durch Arbeit und Übernahme von Verantwortung, durch Demut.

Wie lässt sich mit diesem Jupiter helfen und heilen? Durch vorbildliches Verhalten, durch richtige Führung.

Jupiter im Zeichen Wassermann – Das Glück des Wandels

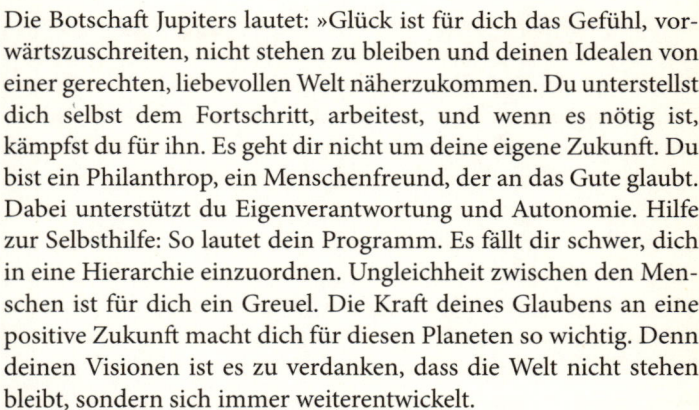

Jupiterstärken Humanismus, Toleranz
Jupiterschwächen Autoritätskonflikte

Die Botschaft Jupiters lautet: »Glück ist für dich das Gefühl, vorwärtszuschreiten, nicht stehen zu bleiben und deinen Idealen von einer gerechten, liebevollen Welt näherzukommen. Du unterstellst dich selbst dem Fortschritt, arbeitest, und wenn es nötig ist, kämpfst du für ihn. Es geht dir nicht um deine eigene Zukunft. Du bist ein Philanthrop, ein Menschenfreund, der an das Gute glaubt. Dabei unterstützt du Eigenverantwortung und Autonomie. Hilfe zur Selbsthilfe: So lautet dein Programm. Es fällt dir schwer, dich in eine Hierarchie einzuordnen. Ungleichheit zwischen den Menschen ist für dich ein Greuel. Die Kraft deines Glaubens an eine positive Zukunft macht dich für diesen Planeten so wichtig. Denn deinen Visionen ist es zu verdanken, dass die Welt nicht stehen bleibt, sondern sich immer weiterentwickelt.

Wovor du dich in Acht nehmen musst, ist, das Alte nicht völlig zu verwerfen. Du beraubst dich sonst deiner eigenen Wurzeln. Dann aber wird auch der Fortschritt illusorisch.«

Jupiter-Check

Wie wird man mit Jupiters Hilfe innerlich und äußerlich reich? Durch Arbeit für eine bessere Zukunft.

Wie lässt sich mit diesem Jupiter helfen und heilen? Durch Vermittlung neuer Perspektiven, durch solidarische Unterstützung und Veränderung.

Jupiter im Zeichen Fische – Das Glück des Seins
Jupiterstärken Liebe, Mitgefühl, Intuition
Jupiterschwächen Helfersyndrom

Die Botschaft Jupiters lautet: »Glück bedeutet für dich, eins zu sein mit der Schöpfung – ähnlich einem Tropfen, der ins Meer fällt und eins wird mit dem Ganzen. Dein Leben richtet sich nach dem Ideal der Selbstlosigkeit und dem Zurückstellen eigener Bedürfnisse hinter das Wohlergehen des größeren Ganzen. Soziales Engagement ist für dich kein politisches Schlagwort, sondern selbstverständliche Lebensqualität. Du bist sensibel, empörst dich über Ungerechtigkeit und Lieblosigkeit. Ich, dein Jupiter, verleihe dir eine besondere Magie, die Leid und Traurigkeit auflösen kann. Du tust aber gut daran, diese Fähigkeit weiterzuentwickeln, indem du zum Beispiel Heilpraktiker wirst oder dich mit Themen beschäftigst, die deine Anlagen fördern.

Da du dich oft an großen Idealen orientierst, macht dir der Umgang mit der unmittelbaren, konkreten Wirklichkeit mitunter Mühe. Des Weiteren ist es wichtig, dass du dich als Helfer nicht ausnutzen lässt. Du musst lernen, dich abzugrenzen.«

Jupiter-Check
Wie wird man mit Jupiters Hilfe innerlich und äußerlich reich?
Durch Hingabe an das, was ist, durch Liebe des Ganzen.
Wie lässt sich mit diesem Jupiter helfen und heilen? Es sind große heilerische Fähigkeiten vorhanden, die aber gefördert werden sollen.

Saturn – Zum Diamanten werden

Die Bedeutung Saturns

Früher galt Saturn in der Astrologie weithin als Übeltäter, als Verkörperung des Schlechten und Bösen. Er scheint es darauf abgesehen zu haben, uns das Leben so schwer wie irgend möglich zu machen. Wie der Drache im Märchen verkörpert er Gefahr, Schrecken, ja, zuweilen sogar den Tod. Daher finden sich alte Darstellungen, auf denen Saturn häufig als Knochengerüst mit Sense zu sehen ist, das alles erbarmungslos niedermäht. Saturn kennt kein Mitleid, keine Gnade. Er wirft den Menschen ihr Schicksal vor die Füße – und es bleibt nichts anderes, als es zu nehmen und zu tragen.

Heutzutage wird seine Wirkung positiver gesehen: Wenn Saturn einen noch so sehr plagt, schikaniert, an den Abgrund heranführt, dann hilft er ebenso, sich gegen die Unbilden des Schicksals zu wappnen. Er »schmiedet« den Menschen, macht ihn hart, widerstandsfähig und ausdauernd. Wer immer etwas Großes erreicht in seinem Leben, der schafft es mit Hilfe Saturns und seiner (oft) grausamen Wechselbäder. Da, wo im Horoskop der Planet Saturn steht, muss der Mensch also lernen, in die Schule gehen, dort wird er gestreckt und zusammengeschoben, kritisiert und tyrannisiert, trainiert und behindert – bis er nahezu Perfektion erlangt: Vollkommenheit und Reinheit. Vom Rohling zum Diamanten, so lässt sich das Wirken Saturns zusammenfassen.

Und dennoch geht es dabei keineswegs ausschließlich um Härte, Ausdauer, Übung, Verzicht und unermüdliches Arbeiten an sich selbst. Der Weg zur Vollkommenheit führt unmittelbar am Fluss der Gnade entlang. Saturn ist kein kalter, gemeiner, fordernder Feind, dem gegenüber es sich zu wappnen und zu rüsten gilt. Er verlangt, nein, er verdient Ehrfurcht, Demut, Liebe.

♄ Das astrologische Symbol besteht aus einem Halbkreis, der dem Kreuz untergeordnet ist. Es drückt aus, dass das Seelische (Halbkreis) unter dem Materiellen (Kreuz) steht, ihm untergeordnet ist.

Auf den folgenden Seiten finden sich die zentralen Eigenschaften der Saturnposition in einem Horoskop. Bei der individuellen Anwendung ist einmal mehr zu berücksichtigen, dass diese Stellung stets auch durch Verbindungen mit den übrigen Gestirnen eine andere Färbung bekommen und im Einzelfall auch einmal stark von den hier genannten Deutungen abweichen kann.

Ihre exakte Saturnposition können Sie wieder über die Homepage des Autors herunterladen (www.bauer-astro.de).

Die Zwillinge und ihre Saturnzeichen

Saturn im Zeichen Widder – Über die Kraft herrschen

Saturnstärken Ehrgeizig, machtvoll, führungsbegabt, durchsetzungsstark, edel

Saturnschwächen Rechthaberisch, sarkastisch, bösartig, bissig, gemein

Die Botschaft Saturns lautet: »In deinem Leben geht es darum, deine Wildheit zu bändigen, deine Emotionen zu zügeln und deinen persönlichen Willen einem höheren Ziel, einer Idee mit allgemeinem Wert unterzuordnen. Stell dir mich, Saturn, als ›Pferdeflüsterer‹ und das Widderzeichen als ein wildes Pferd vor, aus dem ein edles Ross werden soll, das dem Reiter seine feurige Energie voll und gern zur Verfügung stellt.

Viele Menschen mit dem Saturn im Zeichen Widder tendieren allerdings dazu, ihre Wildheit zu brechen, sie zu unterdrücken. Sie verdrängen und vergessen sie und sind schließlich im Besitz eines, um es salopp auszudrücken, alten Kleppers. Damit du nicht in diesen Zustand gerätst, bedarf es großer Geduld und harter Arbeit an dir selbst. Du musst die Auseinandersetzung mit dem Leben als Läuterungsprozess begreifen und Kritik nicht als Verhinderung oder Bösartigkeit des Schicksals, sondern als einen Wink Saturns nehmen. Wichtig ist auch, dass du deine Emotionen, Wünsche und Sehnsüchte hinterfragst und diesem Prozess der Katharsis unterordnest.«

Saturn-Check

Wo muss man sich diesem Saturn beugen? Man muss sein Feuer zähmen und sich in Geduld üben.

Welche Mittel und Methoden wendet Saturn an? Vollkommenheit soll erreicht werden durch Verhinderung, Kritik und Strafe.

Worauf muss man achten? Nicht zu streng und rechthaberisch zu werden.

Saturn im Zeichen Stier – Über die Lust herrschen

Saturnstärken Beharrlichkeit, Festigkeit, Standhaftigkeit, Sparsamkeit

Saturnschwächen Geiz, Gefühllosigkeit, Sturheit, Gier, Neid, Existenzangst

Die Botschaft Saturns lautet: »Du musst deine Lust und deine Gier kontrollieren. Denn du neigst dazu, dass du mehr und härter arbeitest, als dir guttut, dass du nervös und gestresst bist und schließlich arbeitsunfähig wirst. Überdies tendierst du dazu, dein Geld in Geschäften anzulegen, die du nicht übersiehst, und am Ende ergeht es dir wie ›Hans im Glück‹: Du besitzt gar nichts mehr. Du läufst also Gefahr, über deine Verhältnisse zu leben, und das von Kindesbeinen an.

Dramatische Auseinandersetzungen mit Eltern und anderen Erwachsenen sind die Folge, wobei in deinen Augen zunächst immer die anderen die ›bösen, versagenden und missgünstigen‹ Menschen sind. Aber es ist mein Einfluss, der dir das Leben schwermacht. Ich, Saturn, verlange Verzicht – und das gerade dort, wo du am meisten Spaß hast. Das ist ein harter, mühsamer, frustrierender Weg. Auf diese Weise entwickelst du jedoch eine besonders feine Sinnlichkeit, wirst zum Genießer der kleinen Dinge und der wirklichen Köstlichkeiten des Lebens.«

Saturn-Check

Wo muss man sich diesem Saturn beugen? Seiner Lust und seinen Wünschen nicht nachgeben, Vorsicht beim Streben nach materiellen Werten.

Welche Mittel und Methoden wendet Saturn an? Der Weg führt durch Leid, Schmerzen, Versagung und Verhinderung, unter Umständen auch durch Krankheit.

Worauf muss man achten? Sich nicht kasteien und sich und den anderen so die Lust am Leben nehmen.

Saturn im Zeichen Zwillinge –
Über die Leichtfertigkeit herrschen

Saturnstärken Klarheit, Überblick, das Wesentliche erkennen, literarisches Geschick, geistige Wendigkeit

Saturnschwächen Die Wahrheit verdrehen, Unsicherheit, Besserwisserei, Charakterschwäche

Die Botschaft Saturns lautet: »Deine Aufgabe ist es, dich im Leben nicht zu verzetteln, die Wahrheit zu finden und nicht ihren Schein, Wissen zu erwerben, das wirklich nützlich ist. Du gehst dein Lebtag lang in eine Schule, in der du lernst, stetig besser zu werden, immer mehr Kenntnisse zu erwerben. Aber dieses ›Besser‹ und dieses ›Mehr‹ sind nicht einfach quantitativ gemeint. Es geht um einen großen Reifungsprozess.

Was ist der Grund, dich dermaßen streng zu disziplinieren? In deiner Persönlichkeit findet sich ein unglaublich leichtfertiger Anteil. Aus der Sicht des (Über)lebens heraus braucht es daher eine andere, eben die saturnische Kraft, damit du dir nicht aus dieser Gedankenlosigkeit heraus selbst schadest. In deiner Tiefenpsyche herrscht also ein berechtigter Zweifel an deinen Kontrollfunktionen. Das ist der Grund für die Strenge Saturns. Wenn du mit mir, dem Zwillingesaturn, behutsam und richtig umgehst, dann ›schleifst‹ du dich selbst, wirst nicht überheblich, sondern orientierst dich an anderen und suchst dir Lehrer und Meister, die dir helfen, vollkommener zu werden.

Worauf du noch achten musst: Mit dieser Saturnstellung neigt man zu einsamen Entschlüssen. Sozusagen als Gegenreaktion auf die Leichtfertigkeit wird man zum Dogmatiker und Besserwisser, zu einem, der alles mit dem Kopf checkt. Eine solche Haltung entspricht nicht meinem Wunsch.«

Saturn-Check

Wo muss man sich diesem Saturn beugen? Lernen, Kritik konstruktiv zu nehmen. Man muss über sämtliche Konsequenzen seines Verhaltens Bescheid wissen.

Welche Mittel und Methoden wendet Saturn an? Mit Verhinderung, Misserfolg und Demütigung muss man rechnen.

Worauf muss man achten? Nicht dogmatisch und überheblich zu werden. Auch vor allzu großer Strenge muss man sich hüten.

Saturn im Zeichen Krebs – Über die Gefühle herrschen

Saturnstärken Selbstbeherrschung, seine Gefühle im Griff haben, zum Kern vordringen, Distanz, Wahrhaftigkeit, Zuverlässigkeit

Saturnschwächen Gefühlskälte, Rückzug, Misstrauen, Pessimismus

Die Botschaft Saturns lautet: »Aus einem Wesen, das seinen Instinkten, seinem ›Bauch‹ folgt, soll ein Mensch werden, der sein Leben nach Einsicht, Wahrheit und höherem Wissen steuert. Der Weg ist überaus schwierig und schmerzlich. Saturn hat dir nämlich Angst vor dem Glück und sogar vor der Liebe eingepflanzt. Als wäre es für dich verboten, Zufriedenheit zu kosten, als müsstest du immer wieder die Erfahrung machen, dass das Leben bitter ist.

Woher kommen diese Ängste? Deine Psyche ist geprägt von traumatischen Erfahrungen. Es kann sein, dass sie aus früheren Leben stammen. Es ist aber genauso möglich, dass du mit bestimmten existenziellen Erfahrungen deiner Ahnen verbunden bist. Jedenfalls lebt in dir die Angst fort, deine Gefühle könnten missbraucht werden, so wie es schon einmal geschehen ist. Deswegen misstraue ich, Saturn im Zeichen Krebs, grundsätzlich allen Empfindungen. Es ist reiner Schutz. Du sollst über die Gefühle hinauswachsen, unabhängig und frei von ihnen werden.

Aber du darfst mich auch nicht zum Alleinherrscher über dein Leben erheben und grundsätzlich vor allen Regungen davonlaufen. Du sollst klüger, erfahrener ins Leben treten, damit dir nichts Schlechtes widerfährt. Ziel deines Daseins ist es, deine Vergangenheit zu überwinden, nicht vor ihr zu kapitulieren. Stell dich deinen Gefühlen! Du bist kein Kind mehr, das man verletzen kann. Du bist eine erwachsene, starke Persönlichkeit!«

Saturn-Check
Wo muss man sich diesem Saturn beugen? Der Weg führt durch Leid, Schmerzen, Versagung und Verhinderung, unter Umständen auch durch Krankheit.
Welche Mittel und Methoden wendet Saturn an? Angst, Schmerzen, Versagung und Leid.
Worauf muss man achten? Das »Kind nicht mit dem Bad auszuschütten« sowie Gefühle zu missachten und zu unterdrücken.

Saturn im Zeichen Löwe – Über das Ego herrschen
Saturnstärken Selbstbeherrscht, erhaben, edel, vollendet
Saturnschwächen Arrogant, selbstherrlich

Die Botschaft Saturns lautet: »Du bist dafür bestimmt, das Höchste anzustreben – und musst doch immer wieder die Erfahrung machen, ganz unten zu sein. Durch mich, Saturn im Zeichen Löwe, werden Menschen geschmiedet, die Ruhm und Ehren erwerben, Meister und Führungspersönlichkeiten. Aber der Weg dorthin ist beschwerlich. Du wirst viel erdulden, durchmachen und verstehen müssen. Das Leben pendelt zwischen Macht und Ohnmacht, zwischen Stolz und Scham hin und her. Allmählich entwickelst du vielleicht Angst vor Macht, Verantwortung und Erfolg – und wirst doch davon auch regelrecht angezogen.

Diese Saturnposition kann mit der Zeit zu Unlust dem Leben gegenüber führen. Dagegen musst du dann selbst ›zu Felde ziehen‹. Zuvor aber brauchst du die Einsicht, was ich eigentlich bezwecken möchte. Bedenke, dass diese Stellung die Folge von Machtmissbrauch ist. Vielleicht hast du in einem früheren Leben versagt, die Verantwortung nicht übernommen. Vielleicht trägst du aber auch an einer Schuld der eigenen Ahnen.

Saturn im Zeichen Löwe ›erzieht‹ dich dazu, dein Wirken, dein Verhalten und Sein zu überdenken und hinsichtlich sämtlicher Konsequenzen zu verantworten. Dazu gehört im Besonderen das Verhalten als Vater bzw. Mutter den eigenen Kindern gegenüber. Du musst die Verantwortung selbst dann übernehmen, wenn du nach gängiger Meinung davon freigesprochen wirst, wie zum Beispiel bei einer Krankheit oder einem Unfall.«

Saturn-Check
Wo muss man sich diesem Saturn beugen? Lernen, Verantwortung zu übernehmen.
Welche Mittel und Methoden wendet Saturn an? Man wird behindert, gedemütigt, kritisiert.
Worauf muss man achten? Nicht zu einem lust- und lebensfeindlichen Menschen zu werden.

Saturn im Zeichen Jungfrau – Über den Körper herrschen

Saturnstärken Treue, Anhänglichkeit, Arbeitseifer, Selbstkontrolle, Genügsamkeit
Saturnschwächen Ernst, Pedanterie, Kritiksucht

Die Botschaft Saturns lautet: »Bei dir trifft Kontrolle auf Kontrolle. Denn allein das Zeichen Jungfrau bedeutet, dass man seine Gefühle, seine Triebe, seinen Sex, seinen gesamten Körper im

Griff hat. Wenn dann ich, Saturn, noch hinzukomme, verdoppelt sich die vorsichtige und kritische Einstellung. Bei dermaßen viel Skepsis muss in der Vergangenheit (in einem früheren Leben, in der eigenen Ahnenreihe) etwas geschehen sein, das große Angst hervorgerufen hat: Angst vor Sexualität und dem damit verbundenen Akt der Zeugung, Angst vor Schwangerschaft und Geburt. Saturn in der Jungfrau verweist auf ein ›Versagen‹ in diesem Bereich: Vielleicht musste eine Schwangerschaft abgebrochen werden, möglicherweise kam ein Kind tot zur Welt, oder beide, Mutter und Kind, starben.

Durch meine Position wird jetzt ein Riegel vor Sex und Zeugung geschoben, werden die Gefühle blockiert, die Lust verringert, wird versucht, aus dem ›Tiermenschen‹ mit seiner Abhängigkeit von Lust und Trieben einen Homo sapiens im wahrsten Sinne des Wortes, einen ›weisen‹ Menschen zu machen. Ich, Saturn, verhindere also und wecke zugleich die Sehnsucht, das Körperhafte des Lebens zu transformieren, ein Wesen zu sein, dessen Energie nicht aus den Lenden, sondern aus dem Geist kommt. Das heißt beileibe nicht, dass du dich in ein Kloster zurückziehen sollst. Aber du musst dich mit diesem Thema auseinandersetzen. Das bleibt niemandem erspart, dessen Saturn im Zeichen Jungfrau steht.«

Saturn-Check
Wo muss man sich diesem Saturn beugen? Man muss seine Lust kontrollieren.
Welche Mittel und Methoden wendet Saturn an? Versagen, Enttäuschung, Krankheit, darauf muss man gefasst sein. Einsicht ist Bedingung.
Worauf muss man achten? Seine Lust nicht vollständig zu unterdrücken. Lustfeindlichkeit ist nicht das Ziel.

Saturn im Zeichen Waage – Über die Liebe herrschen

Saturnstärken Gerechtigkeitssinn, Ausgewogenheit, wahrhaftig lieben können

Saturnschwächen Disharmonie, Unzufriedenheit, Gefühlskälte, Einsamkeit

Die Botschaft Saturns lautet: »Meine Position bedeutet die Aufforderung, nach der ›richtigen, wahren‹ Liebe zu suchen. Ihr muss dein ganzes Sehnen und Streben gelten. Um sie zu finden, wirst du jede Menge Enttäuschungen zu verkraften haben. Denn was du für Liebe hältst – den Rausch der Sinne, überwältigende Gefühle, Herz und Schmerz –, hat vor mir, deinem Saturn, keinen Bestand. In meinen Augen heißt Liebe, dass sich Ich und Du, der eine und der andere, gleichwertig gegenübertreten. Niemand ist kleiner oder größer, gescheiter oder dümmer, wichtiger oder unbedeutender, reifer oder naiver. Das klingt einfach und ganz selbstverständlich, ist es aber nicht. Menschen haben von Natur aus das Bestreben, sich selbst zu verwirklichen, andere hingegen (und dazu zählen auch Partner) hintanzustellen. Darüber hinaus bestehe ich auf Zuverlässigkeit. Vor mir zählt noch das ›eherne‹ Gesetz ›... bis dass der Tod euch scheidet‹.

Es sind gravierende Dinge geschehen (in einem früheren Leben, in der Ahnenreihe), deshalb wache ich, Saturn, jetzt persönlich über die Liebe. Es kam zu unwürdigem Verhalten. Jemand wurde im Stich gelassen. Die Liebe wurde verraten. Herzen wurden gebrochen ... Jetzt ›zahlst‹ du dafür. Aber es ist keine Rache oder Strafe. Ich, Saturn, mache mich stark, damit du derlei Fehlverhalten vermeidest. Ich bringe dich auf den Weg.«

Saturn-Check

Wo muss man sich diesem Saturn beugen? Man muss lernen, verbindlich zu sein.

Welche Mittel und Methoden wendet Saturn an? Falsche Liebe, Liebeskummer und Alleinsein drohen.

Worauf muss man achten? Die Liebe nicht restlos zu »vergessen«.

Saturn im Zeichen Skorpion –
Über die Vergänglichkeit herrschen

Saturnstärken Tiefe, Zugehörigkeit, Willenskraft,
Verbundenheit mit den Ahnen
Saturnschwächen Engstirnigkeit, Fanatismus

Die Botschaft Saturns lautet: »Meine Position verweist auf tragische, leidvolle Erfahrungen. Könntest du dein Leben bzw. das deiner Familie rückwärts abspulen, würden rasch Szenen auftauchen, in denen jemand auf der Flucht, vertrieben, ohne Heimat, ohne Zugehörigkeit ist. Diese Themen beherrschen deine Ahnenreihe weit über deine Großeltern hinaus. Man hat keine richtigen Wurzeln, kein Erbe, das man übernehmen, keine Fußstapfen, in die man treten kann. Wenn man zurückschaut, finden sich Leben ohne Glanz, ohne Würde, ohne Höhepunkt. Daher dränge ich, Saturn, dich mit aller Macht dazu, deinem Leben einen Wert zu verleihen. Denn das Gefühl, dass die eigenen Ahnen ein würdeloses Dasein fristen mussten, formt sich in den Seelen der Nachkommen zu einem großen, mächtigen Anspruch, es besser zu machen, den Gipfel zu ersteigen.

Ich, Saturn im Zeichen Skorpion, veranlasse dich, die dünnen Fäden aus deiner Vergangenheit aufzuspüren und im Laufe deines Lebens ein Netz daraus zu knüpfen – um so wieder einen Halt zu finden. In der Weise, wie du dich umdrehst und vor der Vergangenheit verneigst, bekommst du eine Verbindung zu deinen Vorfahren sowie der eigenen Vergangenheit und erhältst Kraft und Wissen. Das ist der ›Dank der Ahnen‹. Wenn du dich ihrer annimmst, erfährst du ihren Schutz und bist nie mehr allein im Leben. Hinter dir steht die Kraft der Vergangenheit.«

Saturn-Check

Wo muss man sich diesem Saturn beugen? Sich vor der Vergangenheit verbeugen.

Welche Mittel und Methoden wendet Saturn an? Man muss hohe Ansprüche an sich selbst und sein Leben stellen.

Worauf muss man achten? Nicht in der Vergangenheit zu »ertrin-
ken«, Gegenwart und Zukunft nicht aus den Augen zu verlieren.

Saturn im Zeichen Schütze –
Über Wahrheit und Wissen herrschen

> *Saturnstärken* Pioniergeist, Mut, Weisheit, Stärke,
> Wahrhaftigkeit
> *Saturnschwächen* Dünkel, Zynismus, Grausamkeit

Die Botschaft Saturns lautet: »Dein Leben ist eine Reise zu dir
selbst. Du musst dir deinen eigenen Weg suchen! Lass dich nicht
von anderen beeinflussen. Hör nur auf dich! Diese starke Hinwendung zu dir selbst ist verbunden mit einer Abkehr von deinem
Umfeld und beruht auf einer Reihe großer Enttäuschungen in der
Vergangenheit (der eigenen bzw. der Ahnen), bei denen der Glauben an andere Menschen verlorengegangen ist: Vielleicht hat ein
Arzt versagt, es ist ihm ein Fehler unterlaufen, oder er hat sich zu
wenig Mühe gegeben. Vielleicht wurdest du oder jemand aus deiner Familie in seinem Glauben zutiefst erschüttert, weil ›Gott‹ ein
schreckliches Geschehen zuließ, einem nicht beistand. Es gehört
auch zur Vergangenheit von Menschen mit dieser Saturnposition,
dass sie – um zu überleben – ihrem Glauben abschwören mussten.
Jedenfalls bestand am Anfang eine große Hoffnung, die schließlich in eine große Enttäuschung mündete.
Mit mir, Saturn im Zeichen Schütze, hast du einen Vertrauten an
deiner Seite, einen, der hilft, derartige Enttäuschungen zu vermeiden. Mit mir bist du von vornherein skeptisch. Du kommst bereits
mit Misstrauen auf die Welt, und im Laufe der Jahre gewöhnst du
dich immer stärker daran, alles in Frage zu stellen. Du wirst ein
Mensch, der zwischen Illusion und Wahrheit genau unterscheiden
kann. Du wirst weise.«

Saturn-Check
Wo muss man sich diesem Saturn beugen? Er verlangt Selbstvertrauen.
Welche Mittel und Methoden wendet Saturn an? Er führt einen durch Enttäuschungen, Fehlschläge und Irrwege.
Worauf muss man achten? Kein grundsätzliches Misstrauen zu entwickeln, nicht gänzlich an der Welt zu verzweifeln.

Saturn im Zeichen Steinbock –
Über sich und andere herrschen

Saturnstärken Klarheit, Standhaftigkeit, Verantwortlichkeit, Führungskompetenz, Selbstbeherrschung
Saturnschwächen Kälte, Rücksichtslosigkeit, Einsamkeit

Die Botschaft Saturns lautet: »Du besitzt einen besonders mächtigen Saturn. Das kommt daher, dass ich der regierende Planet des Tierkreiszeichens Steinbock bin. Ich bin hier zu Hause und kann mich gut entfalten. Meine Kraft verdoppelt sich im Steinbockzeichen. Auf der einen Seite führt dies dazu, dass du kontinuierlich an einer Lebensaufgabe arbeitest. Sie lautet: Du sollst etwas Großes vollbringen!
Auf der anderen Seite führt diese doppelte Saturnkontrolle dazu, sich selbst und vor allem seinen Gefühlen zu misstrauen.
Dies hat seine Wurzeln in der Vergangenheit (in einem früheren Leben, im Leben der Ahnen), in der du bzw. deine Vorfahren ausgenutzt, manipuliert oder sogar missbraucht wurden. Zu denken ist auch an eine Verführung oder einen gewalttätigen Missbrauch von Kindern, wohl die verwerflichste Untat. Irgendetwas in dieser Art muss Ursache dafür sein, dass du dir heute selbst nicht mehr vertraust. Für dich sind Menschen gefährlich, unberechenbar, zu allem fähig.
In der Weise, wie du älter wirst und erfährst, dass das Leben, du und die anderen berechenbar sind, wirst du neues Vertrauen schöpfen. Du wirst neue Gefühle entdecken, solche, die weniger

aus dem Bauch, als vielmehr aus dem Herzen kommen. Du wirst lieben, mit anderen Menschen zusammen sein, aber auch allein sein können. Du wirst unabhängig, selbständig, und dein Leben wird getragen von Stimmigkeit und Zufriedenheit. Jetzt obliegt dir auch, andere zu führen. Denn du wirst sie nicht ›verkrüppeln‹ und ›züchtigen‹, sondern zu Weisheit und Liebe führen.«

Saturn-Check
Wo muss man sich diesem Saturn beugen? Man muss lernen, Herr seiner selbst zu sein.
Welche Mittel und Methoden wendet Saturn an? Angst, Vorsicht, Enttäuschung.
Worauf muss man achten? Kein Einsiedler und kein Menschenfeind zu werden.

Saturn im Zeichen Wassermann – Über das Chaos herrschen

Saturnstärken Individualität, Erfindungsgabe, Menschlichkeit
Saturnschwächen Chaotisch, verwirrt und verrückt sein, Hochstapelei

Die Botschaft Saturns lautet: »Du suchst etwas besonders Wertvolles im Leben, nämlich Individualität. Einzigartigkeit ist kostbar. Zwar sagt man leicht dahin, jemand sei ein Individuum. Aber das ist hier nicht im formellen Sinne gemeint. Ein wirkliches Individuum besitzt einen eigenen Charakter, etwas Besonderes und Einmaliges. Dadurch unterscheidet sich der Einzelne von allen anderen Menschen, vergleichbar einem als Solitär dastehenden Baum in einer Landschaft. Dieser Wunsch nach Einmaligkeit ist uralt. Du trägst ihn schon lange mit dir herum (viele Leben, durch Generationen hindurch). Du bist aus der Gesellschaft ausgebrochen, hast deine Familie verlassen – immer auf der Suche nach Freiheit, nach Individualität. Du hast Menschen mit anderem Glauben, aus anderen Ländern und aus anderen sozialen Schichten geliebt. Kinder kamen, noch bevor ein längeres Zusammenleben überhaupt zur Diskussion stand. Du selbst entstammst letztlich einer derartigen ›Augenblicksverbindung‹. Du verdankst dein Dasein einem sogenannten Zufall, einer Laune des Schicksals sowie der Spontaneität und Freiheit deiner Vergangenheit.

Aber du warst auch blind und unwissend und erlebtest daher grandiose Irrungen und Wirrungen. Du erlittest die große Angst vor dem Chaos, vor einem Sein ohne Ordnung und Sicherheit. Du wurdest ausgestoßen und verbannt, verjagt und geächtet. – Jetzt begleitet dich Saturn. Mit mir wirst du dein freies Leben fortführen und dich dabei immer sicherer am Chaos vorbeimanövrieren.«

Saturn-Check

Wo muss man sich diesem Saturn beugen? Man muss lernen, seine Individualität zu leben, ohne im Chaos unterzugehen.

Welche Mittel und Methoden wendet Saturn an? Reinfall, Bruchlandung und Fehlentscheidung.

Worauf muss man achten? Dass man den Kontakt zu anderen Menschen nicht verliert.

Saturn im Zeichen Fische – Sein Mitgefühl beherrschen

Saturnstärken Toleranz, Opferbereitschaft, Weitblick, Visionen
Saturnschwächen Ich-Schwäche, Isolation, Selbstzweifel

Die Botschaft Saturns lautet: »Wie im Märchen wird dir aufgetragen, dich auf eine Reise zu begeben. Wohin? Vielleicht zum Ende des goldenen Regenbogens. Ans Ende der Welt. Oder nirgendwohin. Mit mir, Saturn im Zeichen Fische, ist dir ein Geheimnis in die Wiege gelegt. Aber mehr weiß man nicht. Das Geheimnis hat damit zu tun, dass in deiner Vergangenheit (in einem früheren Leben, in deiner Ahnenreihe) jemand verschwiegen wurde: ein Kind, eine andere Frau, der richtige Vater … Dieses verleugnete, verheimlichte Leben fehlt jetzt deiner Seele, und sie sucht danach, ohne dass du es selbst bewusst wahrnimmst.

Dir ist infolgedessen ein besonderes ›Organ‹ für Unrecht und Lüge gegeben. Wo immer in dieser Welt Unrecht geschieht, leidest du mit. Jedes Leid ziehst du regelrecht an. Aber das hat auch fatale Folgen für die Liebe. Du neigst dazu, dir einen Partner zu suchen, der ganz besonders der Zuwendung bedarf, weil er unglücklich ist. Dann kannst du ihm – so meinst du zumindest – all das angedeihen lassen, was in der Vergangenheit nicht geschehen ist: grenzenlose Liebe. Du nimmst ihn an. Du bist für ihn da. Du verstößt ihn nicht.

Aber das ist der falsche Weg. Du musst mit der Vergangenheit fertigwerden und sie nicht ständig vor dir hertragen. So wiederholst du nur dein Karma. Du brauchst nicht aufzuhören, andere zu lieben. Aber du darfst das rechte Maß nicht aus den Augen verlieren.«

Saturn-Check

Wo muss man sich diesem Saturn beugen? Man muss sich mit seiner Vergangenheit auseinandersetzen.

Welche Mittel und Methoden wendet Saturn an? Desillusionierung und Enttäuschung.

Worauf muss man achten? Die Vergangenheit nicht endlos zu wiederholen.

Zum Schluss

Seit nunmehr über dreißig Jahren beschäftige ich mich mit Astrologie. In dieser Zeit entstanden über sechzig Bücher zu diesem Thema. In zahlreichen Journalen und Zeitungen finden sich regelmäßig wöchentliche, teilweise sogar tägliche astrologische Beiträge von mir. In Einzelsitzungen, Seminaren, Aus- oder Weiterbildungen bin ich in meiner Tätigkeit als Astrologe einigen tausend Menschen begegnet.

Bei der ausgiebigen und intensiven Beschäftigung mit der Astrologie war mir immer daran gelegen, mich diesem geheimnisvollen »Kult« auf verschiedenen Ebenen zu nähern: auf einer leichten, unterhaltsamen in manchen journalistischen Beiträgen und auf einer ernsthaften, in die Tiefe führenden in meinen Büchern. Die populäre, eher spielerische Variante, wie sie Zeitungen oder Zeitschriften präsentieren, rückt die astrologischen Gegebenheiten ins Bewusstsein der Leser, macht neugierig und bewegt den einen oder anderen dazu, sich näher damit zu befassen. Die Astrologie scheint ohnehin eine ausgesprochen volkstümliche Komponente zu haben. Ich bin immer wieder erstaunt, dass eigentlich jeder, egal, ob er sich mit ihr beschäftigt hat oder nicht, gleich mitreden kann. Er »weiß« etwas über den Widder, den Stier, den Zwilling oder die Jungfrau. Ich bin überzeugt, dass es diese Nähe zum Alltag und Normalen ist, die die Astrologie letztendlich unverwüstlich gemacht hat.

Ich habe Psychologie studiert und war zehn Jahre lang als Psychotherapeut aktiv. Mein Wechsel zur Astrologie geschah langsam und voller Skepsis. Wie jeder denkende Mensch ist auch mir ein Zusammenspiel von kosmischen Bewegungen und menschlichem Sein nahezu unvorstellbar. Aber ich wurde immer wieder eines Besseren belehrt: Es existieren Parallelen respektive Analogien zwischen »oben« und »unten«. Doch diese Verbindung ist nicht fest oder mechanisch. Es gibt Widersprüche, Ausnahmen, Irrungen und Wirrungen. Jeder, der sich tiefer mit der Astrologie beschäftigt, betritt früher oder später einen Raum, der voller

Wunder, aber auch voller Rätsel ist. Aus einem Horoskop lassen sich unglaubliche Schlussfolgerungen ziehen, die zum Beispiel einem Psychologen – wenn überhaupt – erst nach langen Explorationen zugänglich werden. Ein Horoskop beleuchtet das Wesen eines Menschen, offenbart seine Herkunft, seine Stellung in der Welt und seine Zukunft. Dennoch steht man auch immer wieder vor Abweichungen und Ausnahmen.

»Astra inclinant, non necessitant«, zu Deutsch: »Die Sterne machen geneigt, doch sie zwingen nicht.« Dieses berühmte und beflügelnde Zitat, das Thomas von Aquin (1225–1274) zugeschrieben wird, hat mich immer bei meiner Arbeit begleitet. Heute würde ich es sogar folgendermaßen umformulieren: »Die Sterne lösen Rätsel und decken Geheimnisse auf. Aber sie schaffen auch viele neue …«